Managementwissen für Studium und Praxis

Herausgegeben von
Professor Dr. Dietmar Dorn und
Professor Dr. Rainer Fischbach

Bisher erschienene Werke:

Plan- und Prozess-
kostenrechnung

Von
Professor
Dr. Harald Wilde

R. Oldenbourg Verlag München Wien

Bibliografische Information Der Deutschen Bibliothek

Die Deutsche Bibliothek verzeichnet diese Publikation in der Deutschen
Nationalbibliografie; detaillierte bibliografische Daten sind im Internet
über <http://dnb.ddb.de> abrufbar.

© 2004 Oldenbourg Wissenschaftsverlag GmbH
Rosenheimer Straße 145, D-81671 München
Telefon: (089) 45051-0
www.oldenbourg-verlag.de

Gedruckt auf säure- und chlorfreiem Papier
Gesamtherstellung: Druckhaus „Thomas Müntzer" GmbH, Bad Langensalza

ISBN 3-486-57575-9

Inhaltsverzeichnis

1

Vorwort

Dieses Lehrbuch zeigt mit Hilfe

- eines systematischen, mit zahlreichen Beispielen aufbereiteten Lehrtextes,

- mehrerer, teilweise vertiefender Übungsaufgaben und detaillierter Lösungshinweise,

- von Formularen zur manuellen und EDV-unterstützten Nutzung des auf EXCEL aufbauenden Standardsystems „STRELAPLAN"

Hintergründe und Rechentechnik einer in den vergangenen Jahren im Dialog von Forschung, Lehre und Praxis entwickelten Präzisierung und Systematisierung der Plan- und Prozesskostenrechnung.

Dementsprechend wendet sich das Buch in erster Linie an Studierende und VertreterInnen aus Unternehmen, aber auch an KollegInnen.

Bei der Lektüre sind Grundkenntnisse der eingeführten Instrumente traditioneller Kosten- und Leistungsrechnung sowie der Deckungsbeitragsrechnung von Nutzen.

Hierauf aufbauend zeigt die Darstellung neue Wege einer sowohl methodisch fundierten als auch praxisgerechten Unterstützung von Management und Controlling.

Zu besonderem Dank für zahlreiche Anregungen, Hinweise und Diskussionen bin ich den Kollegen Prof. Dr. Peter Haas und Dipl.-Kfm., Dipl.Volkswirt Werner Veith verpflichtet.

Frau Diplom-Betriebswirtin (FH) Anja Wendt und Herrn Diplom-Betriebswirt (FH) Heiko Fritz gelang es mit ihrem Layout, die „Bleiwüste" meiner Vorlage zu einem lesefreundlichen Werk aufzubereiten – herzlichen Dank für das Einbringen der ästhetischen Dimension!

Herr Diplom-Betriebswirt Siegmar Peukert (FH) unterstützte die Entwicklung des EDV-orientierten Standardsystems durch die Implementation früherer Versionen im EXCEL-Mappenkonzept.

Etwaige verbleibende Fehler und/oder Unklarheiten sind selbstverständlich von mir selbst zu verantworten.

Last not least gebührt dem Cheflektor des Oldenbourg-Verlages, Herrn Diplom-Volkswirt Martin M. Weigert, der Dank für seine aufgeschlossene Unterstützung dieses Lehrbuchs, das innovative Wege beschreiten möchte.

Kapitel 1

Einführung in die Plan- und Prozesskostenrechnung

1.1 Betriebswirtschaftliches Rechnungswesen - Wissenschaft oder Kunstlehre?

Sofern Betriebswirtschaftslehre nicht nur Handlungsempfehlungen gibt, sondern auch Aussagen über die Wirklichkeit anstrebt, lassen sich die in der Betriebswirtschaftslehre vertretenen wissenschaftstheoretischen Positionen drei teils sich ergänzenden, teils konkurrierenden Grundtypen zuordnen:

1. POPPERscher „kritischer Rationalismus"[1],
2. Erweiterung des Erkenntnisinteresses auf normativ-ethische Fragen,
3. im Gegensatz zu 1. (und ggf. 2.) subjektivistische Ansätze.

<u>Zu 1:</u>

Kritisch-rationalistische Forschungsmethodik besteht darin, theoretische Hypothesen mit der Wirklichkeit zu konfrontieren. Dies geschieht in der Absicht, die Hypothesen zu widerlegen. Streng genommen, könnte man so – außer etwa bei rein mathematischen Aufgabenstellungen - nie etwas beweisen. Auf das praktische Bedürfnis zugeschnitten, konkrete betriebliche Entscheidungen zu unterstützen, stellt sich die Methodik beispielhaft folgendermaßen dar:

Hypothese (der Vollkostenrechnung):
Unterschreitet der Preis eines Produkts seine Stückkosten, so entsteht pro Stück ein Verlust, die Produktion ist also einzustellen.

Wirklichkeit:
Unternehmen, die sich entsprechend der Hypothese verhalten, haben bei der Rechnung die Fixkosten nicht ausreichend gewichtet. Ein Hotel hat stets beträchtliche Fixkosten, beispielsweise für Pacht. Selbst bei einem 100 % eigenfinanzierten Gebäude muss eine realistische „kalkulatorische" Abschreibung berücksichtigt werden, um Reserven für größere Reparaturen zu schaffen. Und ein kalkulatorischer Zins sollte angesetzt sein, um nicht auf Dauer weniger zu verdienen als bei einer Anlage des Geldes auf dem Finanzmarkt. Beharrt das Hotel zu „schlechten Zeiten" auf (zumindest) kostendeckenden Preisen, so wird die Auslastung noch schlechter – aber die Pachtzahlungen müssen weiterlaufen bzw. Reparaturen finanziert werden!

Folgerung:

Die Hypothese ist für den Fall schlechter Auslastung widerlegt; die Deckungsbeitragsrechnung formuliert als neue (bessere) ...

Hypothese:

Solange Kapazitäten frei sind („Unterbeschäftigung"), lohnt sich ein Auftrag, wenn nur der Umsatz die variablen Kosten (= Preisuntergrenze) übersteigt.

Wann diese Hypothese gilt, lässt sich durch erneute Konfrontation mit der Wirklichkeit eingrenzen; so entsteht die Folgerung: Die Vollkosten dürfen nur kurzfristig (wie immer dieser Zeithorizont im Einzelfall definiert wird) unterschritten werden.

Im Grundsatz auf diese Weise, als eine Reaktion auf die Weltwirtschaftskrise 1929, ist die Deckungsbeitragsrechnung entstanden und durch immer neue Anpassung des Modells an die Tücken der Wirklichkeit verfeinert worden. So lassen sich heute auch die in der Praxis häufigen Fälle durch Simulationsinstrumente am PC vorausschauend darstellen. Theoretisch und praktisch bedeutsam erweisen sich Variationen von einigen Kapazitäten, wenn man diese als unter-, andere als über-„beschäftigt" annimmt.[1a]

Zu 2:

Der normative Aspekt der BETRIEBSWIRTSCHAFTSLEHRE besteht nach SCHREYÖGG aus zwei Dimensionen:

(1) „Wer plant, arbeitet ... zwangsläufig normativ, indem er sich oder andere dazu auffordert, bestimmte Handlungen auszuführen. Nicht-normative Planung ist daher (logisch) unmöglich; ein Widerspruch in sich selbst."

(2) „Die Frage nach den zugrunde zu legenden Zielvorstellungen ist - bezogen auf die Unternehmensplanung - zugleich die Frage nach den Normen und Interessen, die die Aktivitäten der Unternehmung kurz- und langfristig steuern sollen."[1b]

Die zweite Dimension geht also explizit über die Methodologie des POPPERschen kritischen Rationalismus hinaus, indem sie nicht nur die Diskussion über Fakten und Kausalitäten zulässt. Vielmehr fordert ein normativer Standpunkt das Einbeziehen der Diskussion auch über Ziele und Interessen von deren Verfechtern.

Neuere betriebswirtschaftliche Literatur (beispielhaft etwa die Einführungen von BESCHORNER u.a.; JUNG; PEPELS; H.-J. SCHMIDT; THOMMEN) geht pragmatisch von einem faktischen Vorrang der Kapitalziele aus, berücksichtigt jedoch mehr oder weniger intensiv auch die ethische Dimension sowie regelmässig auch die Ziele anderer „stakeholder", d.h. von Handlungen des Unternehmens Betroffener.[1c]

Zu 3:

Subjektivistische Wissenschaftstheorien wie der RANDOLPHsche „Neopragmatismus" bestreiten die Existenz einer objektiven Wirklichkeit. Sie gehen zuweilen soweit, auch übereinstimmende subjektive Aussagen als „Ersatz" für eine exakte Messung nicht zu akzeptieren, halten also die Wirklichkeit für intersubjektiv nicht erkennbar. In der Naturwissenschaft kommt man mit dieser Auffassung bei aller modernen Physik[1d] nicht weit: das Fallenlassen eines Steines auf die eigenen Zehen überzeugt auch skeptische Theoretiker von der Wirklichkeit der Schwerkraft. Aber Zahl und Unübersichtlichkeit der Lehrmeinungen in der Betriebswirtschaftslehre sprechen oberflächlich für eine derartige Position in dieser Disziplin.

Im folgenden sollen beispielhaft konkurrierende Ansätze der Abweichungsanalyse in der Plankostenrechnung diskutiert werden. So gewinnen Leserinnen und Leser Einblick in die Methode, wie betriebswirtschaftliches Wissen in einer Synthese geistes- und naturwissenschaftlichen Vorgehens gewonnen wird.

Wer die Rechenergebnisse unterschiedlicher Abweichungsanalyse-Methoden[2a] vergleicht, kann zweierlei festhalten:

1. Einigkeit besteht nur beim Vorzeichen der jeweils einem Einflussfaktor zugeordneten Abweichungen. Selbst hierfür muss man im Einzelfall eingeführte Konventionen abändern.

2. Ansonsten divergieren Primärabweichungen, die also nur von einem Einflussfaktor allein abhängen, und solche höherer Ordnung, die auf der Entwicklung von mindestens zwei Einflussfaktoren beruhen, erheblich.

Das oft nur mündlich in Diskussionen geäußerte Misstrauen von Naturwissenschaftlern, Ingenieuren und auch Vertretern aus dem Marketing gegenüber kaufmännischen „Rechenkünsten" erscheint daher gerechtfertigt.

Wichtiges theoretisches Ziel dieser Arbeit ist hingegen der Nachweis, dass die Richtigkeit von Kostenrechnungsmethoden (mindestens) intersubjektiv überprüfbar ist. Anhand des Instruments „**Plankostenrechnung**" soll gezeigt werden, dass

a) hinter der Rechentechnik auch Kriterien einer pragmatischen Nützlichkeit stehen, die
b) nur wenige Ansätze als überhaupt für (kapital)rationale Entscheidungen sinnvoll erweisen.

Prozesskostenrechnung wird als Instrument vorgestellt, das weit mehr zu leisten vermag, als nur Kalkulationen zu formulieren.

Die Darstellung des bisherigen „Stands der Technik" in Kapitel 3.2, wie auch die Diskussion des Kapitel 4.1 wird den Status der Kostenrechnung[3] überwiegend als Kunstlehre belegen.

Im Folgenden wird untersucht, ob bzw. unter welchen Voraussetzungen sich Rechenergebnisse der Kostenrechnung als Indikatoren interpretieren lassen und somit letztlich auch aussagekräftig sind.

RANDOLPH unterscheidet drei Kennzeichen von Indikatoren[4].
Diese werden im folgenden am Beispiel der Plankostenrechnung diskutiert, wobei insbesondere das letzte Kriterium sich als problematisch erweisen wird.

1. Verkürzung

Verkürzung bedeutet hier: „Ausblenden" anderer als kapitalorientierter Verwertungsdimensionen sowie innerhalb der Kapitalorientierung die Konzentration auf Subziele, beispielsweise Liquiditätssicherung, Rentabilitätsverbesserung, Entscheidungsoptimierung. Sofern dies nicht hinter einem dogmatischen Wertfreiheitspostulat „versteckt" wird, lässt sich die Verkürzung korrigieren. Dies geschieht, indem man andere Interessen einbezieht. Ökologische Positionen beispielsweise kann man berücksichtigen durch:

- bewusst subjektive Bewertung nach STAHLMANN (ABC/XYZ-Schema)[4a] *oder*
- Verwendung einer gemeinsamen Maßeinheit („Kommensurabilisierung") auf naturwissenschaftlicher Ebene (v.a. MÜLLER-WENKsche Äquivalenzkoeffizienten)[4b] *oder*
- auf monetärer Ebene (Transformation qualitativer Information in geschätzte Kosten bzw. Leistungen).

Ökologische Effekte wirtschaftlichen Handelns werden also entweder qualitativ bewertet oder - vom Anspruch her - „auf einen inhaltlichen Nenner gebracht" (beispielsweise EURO in Umweltkostenrechnungen).[5]

2. Verdichtung

Verdichtung ist zwar für effiziente menschliche Informationsverarbeitung unverzichtbar[5a]. Sie lässt sich aber - bei immer detaillierterer Analyse nach dem Prinzip des *management by exception* - rückgängig machen, solange die ursprünglichen Daten noch dokumentiert sind[6]. Wegen möglicher Zweifel an der Richtigkeit müssen die Ursprungsdaten rekonstruierbar bleiben!

Beispiel Liquiditätskontrolle:
Detail-Abweichungen bei Zahlungsvorgängen werden immer wieder auftreten, beispielsweise:

• Ein Stammkunde verändert seine Zahlungsgewohnheiten hinsichtlich von Fristen und Inanspruchnahme von Skonto.

• Eine Reparaturrechnung ist höher oder niedriger als erwartet.

Bei Kontrolle jedes einzelnen Zahlungsvorgangs sieht man leicht den Wald vor lauter Bäumen nicht mehr. *Management by exception*[7] wird sich deshalb, neben gezielter Kontrolle besonders hoher Ein- und Auszahlungen, auf den Trend beim gesamten Kontostand konzentrieren. Zeigt die Zusammenfassung aller Abweichungen gegenüber dem Geplanten immer mehr ins Minus, so müssen Frühwarnsysteme vorhanden sein, die aufgetretene Defizite genau ausweisen. Führen sie ins Plus, so sind Gedanken angebracht, wie zeitweilig oder dauerhaft höhere Liquidität genutzt werden soll.

3. Verfälschung

Ein entscheidendes Problem, mit dem auch die Bilanzpolitik und -analyse zu „kämpfen" haben, ist die Verfälschung. So kann die Handelsbilanz benutzt werden, um via publizierter Information zu manipulieren. Ziel ist dabei die Beeinflussung öffentlicher Auftraggeber oder der öffentlichen Meinung. Auch in der Kostenrechnung werden häufig die beliebten Bürokratenregeln angewandt:

> „§ 1: Das haben wir schon immer so gemacht.
> § 2: Das haben wir noch nie so gemacht.
> § 3: Da könnte ja jeder kommen."

So begründet beispielsweise EBERT das behauptete Scheitern der „Relativen Einzel-kostenrechnung", die gerade die fragwürdigen „Schlüssel" der Betriebs-abrechnungsbögen ganz vermeiden will, ausgerechnet mit dem Argument „der abweichenden Definition eingebürgerter Begriffe des Kostenwesens"[8]. Unberücksichtigt bleibt in einer solchen Argumentation, dass es in der Disziplin zahlreiche abweichende Definitionen gibt!

Und was Firmen wie BAHLSEN oder SIEMENS[9] an unbegründeten Verstößen gegenüber dem begründeten Teil des Regelwerks des „Standes der Technik" zu publizieren wagen, lässt auf wissenschaftliche Inkompetenz schließen. BAHLSEN zieht bei Ermittlung des Deckungsbeitrags I (!) „zugerechnete Fixkosten" ab; SIEMENS will die externe Rechnungslegung für interne Zwecke einfach mitverwenden[10]. Da fragt man sich nur: Inkompetenz der Publizierenden und/oder der Konkurrierenden, die durch derartiges Spielmaterial an der Nase herumgeführt werden könnten!?

Und ist erst einmal - was schon PLAUT kritisierte[11] - ein Durchschnitt eingeführt, der Informationen verfälscht, woher soll denn dann eine richtige Entscheidung kommen!?

Auch wer unter ökonomischem Handeln mehr versteht als Profitorientierung und „shareholder value", möge bedenken: Logisch gesehen macht es keinen Unterschied, ob ausschließlich kapitalorientiert analysiert wird oder ethisch sinnvoll unter Berücksichtigung der Interessen von Arbeit, Umwelt u.a. (zusätzlich zu oder statt der Kapitalinteressen)[12].

Eine betriebswirtschaftlich, im Sinne der Kapitalrationalität, sinnvolle Maßnahme der Humanisierung und/oder Ökologisierung erfordert eine Präsentationsstrategie im Sinne von VESTER oder MAYER („Wie sage ich's meinem Chef?"). Es ist also darzulegen, weshalb die Maßnahmen sich auch positiv auf Gewinn- und/oder Finanzziele auswirken.

Ist eine derartige Maßnahme betriebswirtschaftlich nicht rentabel, dann erfordert ihre Durchsetzung eine politische Strategie („Wie boxe ich etwas gegen den Chef durch?").[13]

1.2 Kosten- und Leistungsrechnung als Teil des betriebswirtschaftlichen Rechnungswesens

Ein Kernbereich der Betriebswirtschaftslehre ist das **Rechnungswesen.**
Seine Aufgabe besteht darin, **Informationen über ein Unternehmen, seine Subsysteme (z.B. Abteilungen) und die in ihm ablaufenden Prozesse unter Verwendung von Geldeinheiten wie EURO bereitzustellen.**

Eine funktionale Gliederung des Rechnungswesens hat zu unterscheiden zwischen

- der (auch gesetzlich vorgeschriebenen) **Buchführung** als einem System der Dokumentation von Tatsachen **und** deren Bedeutung für das „Wohlergehen" des Unternehmens,
- der darauf aufbauenden, an externe Adressaten wie Gläubiger, Anteilseigner oder Finanzbehörden gerichteten **Bilanzierung** (in der weit mehr Rechtsnormen zu beachten sind als in der alltäglichen Buchhaltungspraxis),
- der zwar ebenfalls auf Buchhaltungsdaten aufbauenden, aber auf interne Planung, Entscheidung und Kontrolle ausgerichteten **Kosten- und Leistungsrechnung.**

Demnach werden auch Buchhaltung und Bilanzierung als externes, Kosten- und Leistungsrechnung als internes Rechnungswesen bezeichnet.

Alle drei Teilbereiche des Rechnungswesens orientieren sich an einer zeitlichen Abgrenzung nach dem Grundsatz:
Was in einem betrachteten Zeitraum, z.B. einem Geschäftsjahr, an Positivem und Negativem verursacht wurde, ist diesem Zeitraum zuzuordnen.

Da die geldwirtschaftlichen Zahlungsvorgänge von den realwirtschaftlichen Prozessen der Beschaffung, der Produktion und des Absatzes zeitlich abweichen können, kommt in einer weiter gefassten Abteilung „**Finanz- und Rechnungswesen**" hinzu.

- Die **Finanzwirtschaft**, die sich extern orientiert mit der Herkunft und Verwendung von (vorzugsweise Geld-) Kapital, intern orientiert mit der Bewertung von Investitionen nach ihrer Vorteilhaftigkeit für das Unternehmen befasst.

Hierbei besteht folgende unterschiedliche Wichtigkeit der Bereiche je nach den betrieblichen Gegebenheiten:

1. Finanzwirtschaft existiert faktisch auch in Kleinstbetrieben. Wer Kontoauszüge nicht auswertet, Kassenstände nicht plant und kontrolliert, wird im günstigeren Falle Zinsverluste durch „zu hohe" Liquidität, im ungünstigsten Falle Zahlungsunfähigkeit und damit ein Insolvenzverfahren riskieren.

2. Buchführung existiert in fast allen Unternehmen; praktisch nur Kleinstbetriebe sind von dieser Verpflichtung ausgenommen. Und auch sie tun im Interesse der Transparenz gut daran, zumindest ein Kassenbuch zu führen und ihre Forderungen bzw. Verbindlichkeiten zu überwachen.

3. Bilanzierung mit ihren schon erwähnten erheblichen Gestaltungsspielräumen ist je nach Rechtsform, Unternehmensgröße und steuerlicher Einkunftsart in höchst unterschiedlicher Ausprägung gefordert. Sie ist in den meisten Unternehmen üblich, wobei kleine und mittlere Unternehmen oft „Einheitsbilanzen" für handels- und steuerrechtliche Zwecke erstellen. Große Konzerne dagegen können sich durch die erheblichen Manipulationsmöglichkeiten in hohem Umfang „arm" oder „reich" rechnen.

4. Kosten- und Leistungsrechnung schließlich ist – da für interne Zwecke vorgesehen! – nur im Ausnahmefall gesetzlich vorgeschrieben. Die zwei wichtigsten rechtlich normierten Bereiche sind „Zuarbeiten" für die Bilanzierung und Einhaltung von Normen bei öffentlichen Ausschreibungen. Damit kann Kosten- und Leistungsrechnung von Betrieb zu Betrieb höchst unterschiedlich ausgebaut sein, im Extremfall sogar fehlen.

Welche Bedeutung hat Kosten- und Leistungsrechnung demnach für das unternehmerische Handeln?

Unterscheiden wir hierzu die in der Betriebswirtschaftslehre eingeführten Begriffspaare am Beispiel eines Handelsunternehmens, das Ware ein- und (möglichst mit Gewinn) wieder verkauft:

- eine Überweisung veranlassen oder Kunden ihre Rechnung begleichen. Die Finanzabteilung soll diese Ebene so im Griff haben, dass immer Zahlungsfähigkeit besteht und möglichst eher Zinsgewinne als Verluste erzielt werden.

- Von **Ausgaben und Einnahmen** spricht man bereits, wenn Verbindlichkeiten/Forderungen entstehen bzw. ausgeglichen werden. Hier kommt es also auf das Rechnungs-, nicht das Zahlungsdatum an. Diese zumindest für größere Unternehmen gesetzlich verpflichtende Betrachtungsweise herrscht in der Buchführung vor.

- **Bestandswirksamen** Ausgaben/Einnahmen steht eine Erhöhung oder Verringerung konkreter Bestände gegenüber (z.B. Einkauf/Einlagerung von Waren; Verkauf von Anlagevermögen wie einem Schreibtisch zum Buchwert). **Erfolgswirksame** Ausgaben/Einnahmen erhöhen bzw. senken die in einer Inventur feststellbaren Bestände nicht (z.B. Lohnzahlung an das Personal; Provisionseinnahme für Vermittlung eines Geschäfts). In der Praxis gibt es Zweifelsfälle wie: „Ist der Mehrpreis für die Kundenkartei beim Unternehmenskauf ein Bestand?". Ferner kommen gerade bei Warenverkäufen regelmäßig teils bestandswirksame (Lagerabgang zum Einstandspreis), teils erfolgswirksame (Rohgewinn über den Einstandspreis hinaus!) Einnahmen vor.

- Werden erfolgswirksame Ausgaben und Einnahmen dem „passenden" Zeitraum zugeordnet, so spricht man von **Aufwendungen und Erträgen.** So ist die von einem Unternehmen an den Vermieter geschuldete Dezembermiete Aufwand des alten Jahres, selbst wenn sie erst im darauf folgenden Januar bezahlt wird.

- Will man das „Kerngeschäft" getrennt von unterstützenden oder völlig betriebsfremden Funktionen planen und kontrollieren, so spricht man (üblicher Weise) von **Kosten** und (seltener) von **Leistungen.** Zwar sind viele Positionen wie etwa Personalkosten zugleich Aufwand im Sinne des externen und Kosten im Sinne des internen Rechnungswesens („Zweckaufwand" ex def. = „Grundkosten"). Aber sogenannte **neutrale Aufwendungen und Erträge** (z.B. Verkauf von Gegenständen des Anlagevermögens mit Verlust oder Gewinn gegenüber dem Buchwert) wirken sich zwar steuerlich aus, haben jedoch nichts mit dem Kerngeschäft zu tun. Dies ist eine in der Praxis oft schwierige Abgrenzung, so in der Frage: „Sind Forderungsausfälle wirklich etwas Außerordentliches oder angesichts unserer Kundenstruktur eigentlich ganz normal?" Umgekehrt sorgen **kalkulatorische Kosten** für mehr Realitätsnähe als eine unkritische Übernahme reiner Buchhaltungszahlen. Sogenannte „Anderskosten" widerspiegeln eigentlich denselben Vorgang wie die Aufwendungen, orientieren sich aber nicht an Gesetzesnormen (z.B. bilanzielle Abschreibung dient zum „arm" oder „reich" rechnen; kalkulatorische soll möglichst den tatsächlichen Wertverlust berücksichtigen). Sogenannte „Zusatzkosten" bringen gegenüber der Buchhaltung neue, eben zusätzliche Positionen wie den kalkulatorischen Unternehmerlohn ins Spiel, um z.B. Einzelunternehmen und GmbH besser vergleichbar zu machen. Entsprechende „kalkulatorische Leistungen" sind theoretisch denkbar, aber weniger verbreitet.

Nun wird die **Bedeutung der Kosten- und Leistungsrechnung** ersichtlich:
Um Gewinne vor begehrlichen „shareholders" oder dem Finanzamt zu „retten", müssen sie zunächst erzielt werden.

Dafür betrachtet man genau die Erfolgskomponenten des Kerngeschäfts, löst sich also bewusst von gesetzlichen Vorgaben.

Die Funktion des internen Rechnungswesens, deren Fehlen gesetzlich zulässig ist, muss letztlich im Vorlauf zum externen Rechnungswesen aufgebaut sein, denn:
Externes Rechnungswesen dokumentiert (und manipuliert!) immer erst im nachhinein. Aber irgend jemand im Betrieb muss auch vorher planen und analysieren – und das sind die Fachleute des internen Rechnungswesens (soweit nicht z.B. mathematisch besonders knifflige Fragen an Spezialisten weiter gegeben werden).

Die Kosten- und Leistungsrechnung soll also die Unternehmensleitung dabei unterstützen,

- zum Teil die Daten der Buchführung ergänzend Tatsachen und deren Bewertung in Geldeinheiten (also Kosten und Leistungen) zu **dokumentieren,**

- Kosten und Leistungen zukunftsorientiert zu **planen** und vergangenheitsorientiert zu **kontrollieren,**

- **Entscheidungen** durch Bereitstellung realistischer, also möglichst wenig positiv wie negativ verzerrter Informationen vorzubereiten,

- hierbei (aus historischen Gründen in besonders hohem Umfang) rechnerische und – soweit möglich – kausale Beziehungen zwischen Kosten auf der Inputseite und geplanten oder auch erzielbaren Preisen der Outputseite herzustellen (**Kostenträgerrechnung, vor Allem Kalkulation einzelner Aufträge**).

1.3. Plankostenrechnung als Teil der Kosten- und Leistungsrechnung

1.3.1. Aufgaben der Plankostenrechnung

Plankostenrechnung widmet sich den Aufgaben:

- Kostenplanung,
- Kostenkontrolle,
- darauf aufbauend Konzeption von Verbesserungsmaßnahmen.

1.3.1.1. Kostenplanung

Die Planungsrechnung erstellt aufgrund von
- eigenen Erfahrungswerten der Vergangenheit,
- Erfahrungswerten anderer (wie beim Benchmarking – siehe Kapitel 1.4.3 - „klassenbester" Unternehmen, aber auch Branchendurchschnittswerten),
- der Auswertung realer und gedanklicher Experimente („Was wäre, wenn wir diesen Handgriff weg-rationalisieren?"),
- Prognosen über künftige gesellschaftlich Trends (wie „Wertewandel" oder Technologiesprünge) und auch innerbetriebliche Entwicklungen (etwa in der Rekrutierung und dem Ausscheiden von Personal)

Plankosten „nach bestem Wissen und Gewissen".

Für Kalkulationen sowie die Budgetplanung sind dabei wahrscheinlichste Prognosen zu erstellen, für Verbesserungsmaßnahmen oft eher anspruchsvolle, aber „noch erreichbare" Ziele.

Möglicherweise stehen nicht alle genannten Informationen zur Verfügung (etwa, wenn der „Klassenbeste" keine Informationen nach außen gibt und diese auch durch eigene Recherche nicht zu erhalten sind).

Stand der Technik ist dabei eine Spaltung der Kosten zumindest in fixe und variable Anteile, bezogen auf die jeweils geplanten Output-Mengen.

Grundsätzlich lassen sich auch die Leistungen (häufiger auch Erlöse, Erträge oder Umsätze genannt) analog zum Vorgehen bei den Kosten planen.

1.3.1.2. Kostenkontrolle

Die Kontrollrechnung ermittelt Abweichungen gegenüber
- den Planwerten und/oder anderen Vergleichsmaßstäben wie
- Istwerten des Vorjahres,
- durchschnittlichen Istwerten mehrerer vergangener Perioden,
- Best- oder Durchschnittswerten der Branche.

Diese Rechnung wird häufig auch eine Aufspaltung von Gesamtabweichungen wie **Plankosten minus Istkosten** in verschiedene Einflussfaktoren anstreben. Allen in Praxis und/oder Forschung akzeptierten Varianten gemeinsam ist ein Ausweis von „Verbrauchsabweichungen", um das (un)wirtschaftliche Handeln von produzierenden Abteilungen (technisch gesagt: „Kostenstellen") zu identifizieren.

1.3.1.3. Verbesserungsmaßnahmen

Diese Aufgabe wird in zahlreichen Unternehmen eher einer Abteilung „Controlling" als dem Rechnungswesen zugeordnet. Dabei sind folgende Schritte durchzuführen:

- Suche von (auch qualitativen) Ursachen, die für die in der Kontrollrechnung ermittelten Teil-Abweichungen verantwortlich sind („Detektivarbeit"),
- Übertragung erfolgreicher Handlungs- und/oder Entscheidungsmuster in die Zukunft und auf andere Abteilungen, Produktgruppen usw.,
- Beseitigung der Ursachen ungünstiger Abweichungen.

1.3.2. Typen der Plankostenrechnung

Verschiedene Ansätze lassen sich nach zwei Kriterien unterscheiden:
- fehlende versus stattfindende Berücksichtigung von Entwicklungen bei Istgrößen, um die Abweichungsanalyse realitätsnäher zu gestalten,
- Ansatz aller Kosten, insbesondere auch der fixen Kosten für Aufrechterhaltung der Betriebsbereitschaft versus Betrachtung nur eines Teils (bevorzugt des variablen Teils) der Kosten.

1.3.2.1. Starre versus flexible Plankostenrechnung

Starre Plankostenrechnung berücksichtigt bei Abweichungen zwischen Planung und Wirklichkeit nur einen einzigen Faktor: einen veränderten Output. Sie weist dabei eine Differenz zwischen „verrechneten Plankosten" und Istkosten als pauschale Abweichung aus.

Trotz einiger gemäßigter Befürworter wegen der leichten Handhabung (z.B. das Autorenteam DÄUMLER/GRABE) wird dieses System heute **praktisch nicht mehr verwendet**.
Warum dies der Fall ist, zeigt ein kleines **Zahlenbeispiel**:

Die Verwaltung eigener Gebäude plante für das laufende Jahr Kosten von 1 Million Euro. Nach starrer Plankostenrechnung könnte man diesen Betrag auf den geplanten Output von 500.000 Stück umlegen und somit 2 Euro/Stück als kalkulatorische Miete „verrechnen".

Wohl rechnet man in Wirklichkeit eher pro Quadratmeter; das Beispiel soll nur zeigen, wie weit die veraltete starre Plankostenrechnung von der betrieblichen Praxis entfernt ist.

Werden nun 10% = 50.000 Stück weniger produziert, so auch 10% = 100.000 €
weniger verrechnet. Die „verrechneten Plankosten" betragen also 900.000 €.
Die Kostenstellenverantwortlichen würden somit getadelt, selbst wenn ihnen in
diesem erfahrungsgemäß überwiegend vom Output unabhängigen Kostenblock
im Ist eine Senkung auf 960.000 Euro gelungen wäre!

Wenn schon eine **vereinfachte Überschlagsrechnung** angestrebt wird, dann ist
hierfür die **kameralistische Buchführung** im öffentlichen Haushaltswesen
realitätsgerechter.

Diese ermittelt zwar lediglich Differenzen zwischen Plan- und Istwerten, kann
aber immerhin sagen, dass etwas gut oder schlecht gelaufen ist (nicht warum!).
Sie ist vor Allem noch im öffentlichen Dienst anzutreffen und verliert auch dort
mit zunehmender Liberalisierung des Haushaltsrechts zunehmend an Bedeutung.
Konzentriert man sich auf zahlungswirksame Kosten (lässt also insbesondere die
Abschreibungen in der Betrachtung weg), so hat das kameralistische Vorgehen
eine gewisse Berechtigung in der **Budgetplanung und -kontrolle**. Ein
„Kassenwart" ist daran interessiert, Lücken oder Überbestände an Bargeld und
Sichtguthaben möglichst frühzeitig zu erkennen (zunächst noch ohne
Ursachenanalyse).

Im Beispiel würde sich ein städtischer Kämmerer freuen, weil die **tatsächlichen
Gebäudekosten** gegenüber dem **Haushaltsansatz** gesunken wären.

**Stand der Technik für gewinnorientierte Unternehmen ist dagegen die
flexible Plankostenrechnung.**

Sie berücksichtigt **zumindest**
* den Unterschied zwischen **geplantem und realisiertem Output**
* und die Trennung in **fixe bzw. variable Kostenbestandteile**.

Dabei bestehen verschiedene „Lehrmeinungen", ob letztlich Mehrproduktion
* stets gut,
* stets schlecht
* oder von Fall zu Fall verschieden
auf das Gewinnziel des Unternehmens wirkt.

Auf die unterschiedlichen Varianten, deren Gemeinsamkeiten und Divergenzen
wird im weiteren Verlauf der Darstellung einzugehen sein.

1.3.2.2. Vollkostenrechnung versus Grenzplankostenrechnung

Passend zu dem verbreiteten Kostenrechnungs-Instrument „Deckungsbeitragsrechnung" fordert die im und nach dem 2. Weltkrieg entwickelte **Grenzplankostenrechnung** eine **Kontrolle nur der variablen Kosten** (in Anlehnung an den volkswirtschaftlichen Sprachgebrauch „Grenzkosten" genannt).

Dieses Vorgehen lässt sich in der geringeren, möglicherweise sogar völlig fehlenden Beeinflussbarkeit des fixen Teils durch die Verantwortlichen begründen. Typische Beispiele:
- Mietaufwand, bei eigenen Immobilien stattdessen kalkulatorische Miete;
- Kosten für nicht abbaubares Stammpersonal, z.B. angestellter Meister in einer Handwerks-GmbH;
- fester Euro-Betrag bei Strom- oder Telekommunikationskosten.

Außerdem will Grenzplankostenrechnung den Konflikt über die Beurteilung „zu hoher" oder „zu niedriger" Produktionshöhe vermeiden, in dem sich die folgenden Standard-Argumente gegenüber stehen:
- Pro erhöhte Produktionsmenge: „Die Fixkosten verteilen sich auf höhere Stückzahlen; die Stückkosten sinken also."
- Contra erhöhte Produktionsmenge: „ Mehrproduktion verursacht auch höhere Kosten – jedenfalls im variablen Bereich."

Analog zur Deckungsbeitragsrechnung sollen deshalb bei der Ursachenanalyse für Kostenabweichungen nicht nur die oben genannten, offenkundigen Fixkosten außer Betracht bleiben, sondern auch erfahrungsgemäß fixe Teile der so genannten „Mischkosten".

Vgl. die folgende Darstellung der Input-Mengen (y-Achse) in Abhängigkeit von den Output-Mengen (x-Achse) mit Regressionsgerade zur Ermittlung der vergangenen **durchschnittlichen** fixen Verbrauchsmenge (Achsenabschnitt) und proportionalen Verbrauchsmenge pro Stück Output (Steigung).

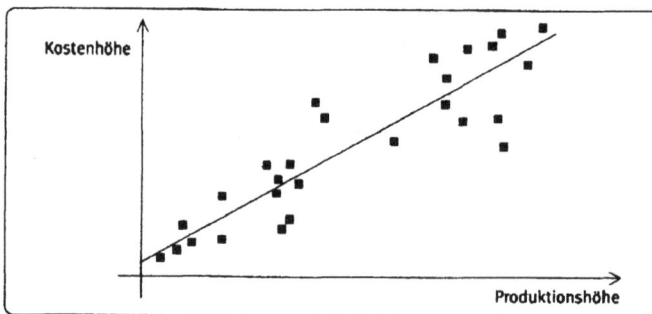

Abbildung 1: Ermittlung einer Kostengraden
(Quelle: W. Pepels, ABWL, S. 300)

Im Fall dieser häufig vorkommenden Mischkosten **unterstellt** die Grenzplankostenrechnung, geplante und tatsächliche Fixkosten seien gleich, also beispielsweise:

- Im Durchschnitt fallen 10.000 Euro fixe Fertigungslöhne pro Monat an; der Rest schwankt aufgrund von Arbeitszeitkorridoren, Überstunden etc. mit der Output-Höhe.
- 5.000 Kilowattstunden beträgt der erfahrungsgemäße Stromverbrauch für Beleuchtung, Stand-by-Betrieb usw.; hinzu kommt der variable Verbrauch für Produktionsprozesse wie Umformen oder Beschichten.

Das zweite Beispiel zeigt, dass in der Grenzplankostenrechung **ein Festpreissystem vorausgesetzt** ist: Nur bei gleich bleibendem, zumindest für die Planungsperiode „festgeschriebenem" Strompreis bedeutet die fixe Input-**Menge** zugleich auch fixe **Kosten**. Das gilt auch für das erste Beispiel, in dem unerwartete Tarifänderungen – egal, ob unerwartet hohe oder niedrige Abschlüsse! – vorab durch feste Stundensätze rechnerisch eliminiert werden.

Unter diesen beiden Voraussetzungen
1. fester Verrechnungspreise für Produktionsfaktoren und
2. während der Planungs- und damit auch Kontrollperiode unverändert bleibenden fixen Mengenverbrauchs der Produktionsfaktoren

weist die Grenzplankostenrechnung zur vorherrschenden Formulierung der flexiblen Plankostenrechnung identische Verbrauchsabweichungen als Bewertungsmaßstab von Produktionskostenstellen aus.

Die detaillierte Darstellung in den folgenden Kapiteln wird zeigen, dass Ansätze mit expliziter Berücksichtigung **aller** Kostenkomponenten aussagekräftiger sind als das vereinfachende Konzept „Grenzplankostenrechnung".

1.3.3. EDV-Orientierung als aktuelle Entwicklungslinie

Fachzeitschriften wie „krp Kostenrechnungspraxis" zeigen einen deutlichen, seit Durchsetzung des Personalcomputers anhaltenden Trend zur **EDV-Unterstützung** des gesamten **internen Rechnungswesens**.

Speziell in der Plankostenrechnung lassen sich dabei 3 Entwicklungslinien – geordnet in ihrer zeitgeschichtlichen Abfolge - unterscheiden:
1. Explizite Berücksichtigung als **Modul in integrierten Systemen** der Groß-EDV (Marktführer SAP), im Lauf der letzten Jahre auch in mittelgroßen, auf Personalcomputern lauffähigen Systemen wie KHK-Software.
2. Implizite Berücksichtigung in Form von **Szenarien** besonders in **EXCEL-basierten Modellen**, die unter Verzicht auf zu detaillierte Informationsdokumentation besonders die „Chefebene" ansprechen.
3. Explizite **eigenständige Modelle der Plankostenrechnung**.

Die **erst genannte Konzeption** hat den **Vorteil**, durch Integration große Datenmengen zu berücksichtigen. Sie erleichtert also Kostenplanung und –kontrolle in Großunternehmen, indem sie z.B. bei der Analyse von Personalkosten automatisiert erhobene Informationen bruchlos übernimmt. Der größte **Nachteil** ist die fehlende Möglichkeit, durch Eingriffe in einen Quellcode eigene Fachkompetenz der Controlling-Abteilung und Spezifika des jeweiligen Unternehmens in das Modell einzubauen.

Wenn nun – ein in der Praxis durchaus üblicher Fall – die verbreitete Grenzplankostenrechnung als einziger Standard implementiert ist, kann nach deren eigenem Anspruch nur der Produktionsbereich kontrolliert werden.

Bietet das System – wie H. MÜLLERs „prozesskonforme Grenzplankostenrechnung" – mehrere parallel durchgerechnete Varianten, so erfordert es für das Controlling enorme methodische Fähigkeiten, die situativ passenden Rechenmodelle auszuwählen. Diese Kompetenz zu trainieren, ist eines der Anliegen des vorliegenden Lehrbuchs.

Die **zweite Konzeption** wird bei zahlreichen **mittelstands-orientierten Beratungsunternehmen** verfolgt. Sie nimmt notfalls Schnittstellenprobleme in Kauf, um dem Topmanagement eine Analyse nach spezifischem Informationsbedarf zu ermöglichen. Aus Wettbewerbsgründen ist auch hier der Quellcode für die Mandanten häufig nicht zugänglich.

Das jüngere Gesamtwerk von P. HAAS bietet dagegen ein Baukastensystem von Modulen, die seitens der Kunden selbst an die betrieblichen Erfordernisse angepasst werden können. Das Kernstück, der aus der industriellen Praxis eines mittelständischen Unternehmens abgeleitete und mit Ergebnissen angewandter Forschung aktualisierte **Gesamtplan**, enthält unter Anderem explizit Eingabefelder für Inputpreise, aber auch Verbrauchskoeffizienten. Insbesondere durch den Einsatz von Instrumenten wie „Zielwertsuche" und „Solver" können Abweichungsanalysen vorgenommen werden.

Typisches, zum **Testen** von Grenzplankostenrechnungssystemen des ersten Typus geeignetes Beispiel: Bei Veränderung der Istkosten in einem Festpreissystem wird auf die Veränderung von Verbrauchskoeffizienten zurückgerechnet (ein Zahlenbeispiel hierzu finden Sie in Kap. 3.6. dieses Lehrtextes).

Der EXCEL-basierte Gesamtplan wurde bzw. wird in mehreren Praxisprojekten betriebsindividuell angepasst (größtes Referenzunternehmen: Volkswerft AG Stralsund mit ca. 1.200 Beschäftigten).

Die **dritte**, in diesem Buch ausformulierte **Konzeption** entstand in der Industrie – genauer gesagt, in einem **Diskussionsprozeß zwischen Berater und Meisterebene**, also dort, wo die klassische Kostenkontrolle des ersten Typus dominiert. Sie stellt gegenüber der ersten Konzeption einen konkurrierenden, weil mehr Komplexität abbildenden Ansatz dar und ist grundsätzlich mit der zweiten Konzeption kompatibel. Grundprinzip ist ebenfalls Orientierung an Tabellenkalkulation mit Offenheit des Ausbaus zur Datenbank.

Das in der derzeitigen Phase des Erfahrungsaustausches gegen Schutzgebühr erhältliche EDV-Modell „STRELAPLAN" ermöglicht eine **Abweichungsanalyse der Einzelkosten und der Erlöse**, insbesondere:

- Errechnung von Preisabweichungen bei Einzelkosten,
- Errechnung und bedarfsweise weitere Aufspaltung von Verbrauchsabweichungen bei Einzelkosten,
- realistische Berechnung von „Beschäftigungsabweichungen" bei den Einzelkosten und Integration mit der Erlösabweichung zu einem Bewertungsmaßstab für Vertriebserfolg,
- Unterstützung der Kontrolle auch von Gemeinkosten und Prozesskosten.

Insbesondere die letzte Funktion wird in Kap. 6 des Lehrtextes detailliert dargestellt.

1.4. Prozesskostenrechnung als Teil der Kosten- und Leistungsrechnung

1.4.1. Aufgaben der Prozesskostenrechnung

Der im Verlauf des 20. Jahrhunderts deutlich gestiegene Anteil der Gemeinkosten am gesamten Kostenvolumen wurde auch von Vertretern einer herkömmlichen Vollkostenrechnung als Problem erkannt.

Die zwei entscheidenden **Argumente gegen Zuschlagsätze von mehreren 100%** sind:

- Der größere Teil aller Kosten, eben der Gemeinkostenblock, wird den einzelnen Kostenträgern nicht verursachungsgerecht, sondern willkürlich zugerechnet.
- Ungenauigkeiten bei den Einzelkosten werden durch die Zuschlagsätze „wie mit der Lupe" vergrößert. Weist eine fehlerhafte Arbeitszeitaufschreibung beispielsweise 1 Stunde zuviel an Fertigungslohn aus, so kommen bei 40 Euro Stundensatz und 800% Zuschlagsatz noch 40 * 800% = 320 Euro fehlerhaft zugerechneter Gemeinkosten hinzu!

In Wirklichkeit jedoch ist nur bei einem Teil der Gemeinkosten, besonders denen der Grundlagenforschung und des Top management, eine Transparenz unmöglich.

Gerade bei Arbeitsaufgaben mit weniger Kreativität und Entscheidungsspielraum, mit mehr Wiederholbarkeit und Routine, lassen sich Erfahrungswerte für einen Zusammenhang zwischen Kostenhöhe und betriebsinternen Prozessen (nach denen die Prozesskostenrechnung benannt wurde) feststellen.

Einige Beispiele aus verschiedenen, in der Kostenstellenrechnung üblichen Bereichen:
- In der **Materialkostenstelle** ist ein Gemeinkostenzuschlag auf den Material**wert** zwar für Lagerkosten wie Zins oder Schwund plausibel. Ein beträchtlicher Teil der Kosten hängt jedoch von Prozessen wie „Lieferung entgegennehmen" oder „Material an die Produktion ausgeben" ab.
- In der **Fertigung**, insbesondere in Hilfskostenstellen wie „Arbeitsvorbereitung" oder „Meisterbereich", fallen Prozesse wie „Umrüsten vom einen auf den anderen Fertigungsauftrag" oder „Anlernen von neuem Personal" an.
- In der **Verwaltung** gibt es eine Vielzahl von Routine-Prozessen wie „Geschäftsbriefe schreiben" oder „Dokumente archivieren".
- Im **Vertrieb** lassen sich unter Anderem Aktivitäten wie „Ausgangsrechnungen und/oder Mahnungen erstellen", aber auch „Vertreterbesuche" feststellen.

Pointiert gesagt, verfolgt Prozesskostenrechnung den Zweck, den **Anteil nicht verursachungsgerecht zugeordneter Kosten** wieder auf den Stand vor etwa 100 Jahren **zurückzudrängen**.

Hierzu ein vereinfachtes **Beispiel**:

Jahr 1900: 20% Gemeinkosten : 80% Einzelkosten

Jahr 2000 (traditionelles Rechnungswesen): 80% Gemeinkosten : 20% Einzelkosten

Jahr 2001 (nach Einführung der Prozesskostenrechnung)
*20% **restliche** Gemeinkosten : 60% Prozesskosten : 20% Einzelkosten*

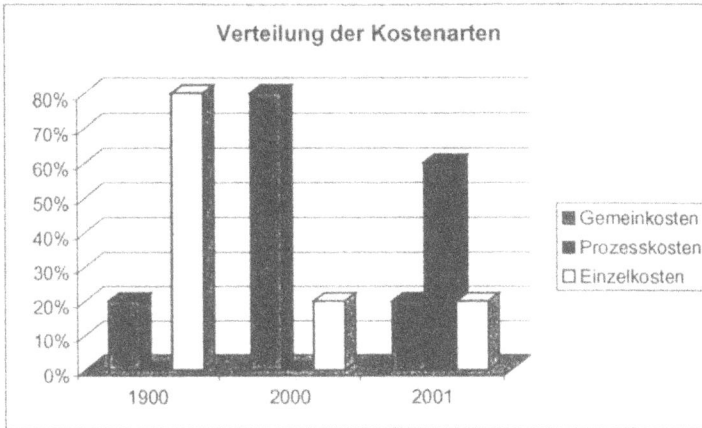

Abbildung 2: Verteilung der Kosten

Prozesskostenrechnung gliedert sich idealtypisch in folgende Phasen, die zugleich ihre wesentlichen Aufgabengebiete darstellen und im Folgenden näher erläutert werden:

- Organisationsanalyse
- Kalkulation betriebsinterner Kostensätze (Verrechnungspreise)
- Kalkulation betriebsexterner Kostensätze (Angebotspreise)
- Planung und Kontrolle der Prozesskosten

1.4.1.1. Organisationsanalyse

Diese Aufgabe im Grenzbereich von Organisation und Controlling erfasst zunächst die typischen **Aktivitäten der einzelnen Arbeitsplätze** mit Hilfe von „W"-Fragen:

- WAS macht der Stelleninhaber?
- Bei mehreren Tätigkeitsarten: WIEVIEL Zeit entfällt auf die jeweilige Aktivität? Je nach Sachlage ist zusätzlich zu fragen, wie viel Raum-, EDV-, Energienutzung usw. durch die betreffende Aktivität verursacht wird.
- Von WEM erhält die Stelle ihren Input? Das muß nicht nur Material, sondern kann häufig in erster Linie auch Information sein.
- An WEN gibt die Stelle ihren Output?

Die Ermittlung von Organigrammen bzw. Schemata der Ablauforganisation aus derartigen Daten wird in der Praxis meist der Abteilung „Organisation" zugeordnet und hier nicht weiter verfolgt.

Für Kostenrechnung und Controlling ist die Tendenz zu beachten, dass in dieser Phase häufig **Rationalisierungspotenziale aufgedeckt, also die Kosten in ihrer Höhe gesenkt** werden.

1.4.1.2. Kalkulation betriebsinterner Kostensätze (Verrechnungspreise) als Indikator pro und contra Outsourcing

Wenn die Recherche des vorangehenden Schrittes vollendet ist, lassen sich rechnerisch in Form einer Divisionskalkulation interne Verrechnungspreise ermitteln.

Vereinfachtes Beispiel:
In der Arbeitsvorbereitung sind Industriemeisterin Agnes und die beiden Vorarbeiter Berti und Chris tätig. Die Organisationsanalyse ergibt zusammengefasst:

- Am Arbeitsplatz von Agnes fallen Vollkosten für Personal, Miete, Abschreibung/Zins auf die Ausstattung usw. in Höhe von 8.000 Euro monatlich an. Agnes ist zu 40% ihrer Arbeitszeit mit Abteilungsleitung und allgemeiner Organisation befasst. Zu je 30% ihrer Arbeitszeit führt sie einerseits 12 Rüst-, andererseits 8 Anlernprozesse pro Monat durch.
- Bertis Arbeitsplatz verursacht monatlich Vollkosten von 5.000 Euro. Bertram leistet pro Monat 20 Rüstprozesse und hat mit den Anlernprozessen nichts zu tun.
- Chris' Arbeitsplatz verursacht monatlich Vollkosten von 4.000 Euro. Er leistet pro Monat 16 Anlernprozesse und keine Rüstprozesse.
- Die Nutzung der anderen Produktionsfaktoren erfolgt annähernd im selben Verhältnis wie die der menschlichen Arbeitskraft.
- Kostenunterschiede der Prozesskosten sollen bewusst gemittelt werden, da im voraus eine Zuordnung der Prozesse auf bestimmte Arbeitskräfte nicht praktikabel wäre.

Lässt man die 40% für Abteilungsleitung/Organisation bei Agnes beiseite, so ergibt sich:

Prozess-Art	Prozesskosten				Prozess-menge	Prozesskostensatz =
	Agnes	Berti	Chris	GESAMT		Prozesskosten / - menge
Rüstproz.	2.400	5.000	-	7.400	32	231,25
Anlernproz.	2.400	-	4.000	6.400	24	266,67

Zum einen können die Prozesskosten realistischer auf empfangende Kostenstellen und/oder Kostenträger weiter verrechnet werden als mit pauschalierenden prozentualen Zuschlagsätzen.

Zum anderen können **längerfristige Prognosen**, die also bewusst kurzfristige Beschäftigungsschwankungen ausschalten, der Prozesskostensätze Argumente pro und contra Outsourcing liefern. Dies ist bei Rüstprozessen wegen der Integration in die Durchlaufplanung schwer vorstellbar. Wenn aber der spezialisierte Bildungsträger nebenan den Anlernprozess auf Dauer für 200 Euro anbietet, ist ein Auslagern dieser Aktivitäten eine Überlegung wert.

Dazu zwei Hinweise:

1. Kostensätze sind nicht das einzige Entscheidungskriterium. Flexibilität oder soziale Verantwortung können Argumente dafür sein, auf das Outsourcing dennoch zu verzichten.

2. Stellt sich der eigene Kostensatz pro Anlernprozess als sehr günstig gegenüber dem Marktüblichen heraus, so hat Prozesskostenrechnung eine bisher vielleicht noch nicht wahrgenommene eigene Kernkompetenz entdeckt. Hier kann sich also Einwerben externer Anlern-Aufträge von Kooperationspartnern lohnen.

1.4.1.3. Kalkulation betriebsexterner Kostensätze (Angebotspreise)

Während die internen Verrechnungspreise dem Wettbewerb gar nicht (wie im Beispiel die der Rüstprozesse) oder nur indirekt (wie die Anlernprozesse) ausgesetzt sind, müssen sich Angebotspreise der meisten Branchen bzw. Unternehmen „am Markt behaupten".

Da gerade die Aufgabe einer Kalkulationsreform seitens der Praxis als entscheidender Vorteil der Prozesskostenrechnung gefordert wird, ist das folgende **Einführungsbeispiel** entsprechend breit dargestellt. Es zeigt die fehlende Kostentransparenz herkömmlicher (hier: Zuschlags-)Kalkulation und deren Überwindung in der Prozesskostenrechnung.
Betrachtet werden die Materialkosten für Motoren, von denen Modell X aus 30 einzelnen Teilen zu je 20 Euro, Modell Y aus 3 Baugruppen zu je 250 Euro besteht. Sind in dem Betrieb 20% Materialgemeinkosten üblich, so ergeben sich (jeweils in Euro pro Motor):

	Modell X	*Modell Y*
Material-Einzelkosten	*600*	*750*
+ 20% Material-Gemeinkosten	*120*	*150*
= Materialkosten	*720*	*900*

Da im Verlauf der Kalkulation noch u.a. Verwaltungs- und Vertriebsgemeinkosten und Plangewinn hinzu kommen, wird Modell Y wohl um mehrere 100 Euro teurer angeboten werden als Modell X. Das kann – gerade wenn X und Y innerbetrieblich konkurrieren – bis hin zur Produktionseinstellung von Y führen.

Angenommen, monatlich werden gerade je *1.000 Stück* X und Y hergestellt, so lag dem Zuschlagsatz von 20% offenbar ein Materialgemeinkostenvolumen von *120 * 1.000 + 150 * 1.000 = 270.000 Euro* zugrunde. Rationalisierungspotenziale aus der Organisationsanalyse werden als bereits ausgeschöpft angenommen.

Die Ermittlung der tatsächlichen Kosteneinflussgrößen („cost drivers") ergibt nun:

- Nur *12 % = 32.400 Euro* monatlich hängen tatsächlich vom Wert des Materials ab (v.a. Verzinsung von Lagerbeständen; Schwund). Als Gemeinkosten-Zuschlagsatz sind demnach nur *12% * 20% = 2,4%* realistisch.

- *88 % = 237.600 Euro* monatlich fallen für die Bereitstellung von Material an.

- Da beide Modelle in 10 Produktionsläufen (also mit einer durchschnittlichen Losgröße von 100 Stück) hergestellt werden und jedes einzelne Teil eine eigene Bereitstellung erfordert, fallen für die 30 Einzelteile bei Modell X 300, für die 3 Baugruppen bei Modell Y nur 30 Bereitstellungsprozesse an.

- Die bei der internen Verrechnung „vernachlässigten" Kosten für Abteilungsleitung usw. wurden willkürlich der größeren Position zugeordnet, sind also in den 237.600 Euro enthalten. Dies geschieht mit dem Ziel einer Vollkostenrechnung, die Preise nicht zu niedrig zu kalkulieren.

Der interne Verrechnungspreis (den man bei Einbezug der schwer zuzuordnenden Positionen wie Abteilungsleitung auch „Gesamt-Prozesskostensatz" nennt) für eine Materialbereitstellung ergibt sich als *237.600 Euro : 330 Bereitstellungsprozesse = 720 Euro/Bereitstellungsprozess.*

Jetzt lässt sich das **gegebene Kostenvolumen verursachungsgerechter auf die Kostenträger verteilen:**

	1.000 St. Modell X	*1.000 St. Modell Y*
Material-Einzelkosten	*600.000*	*750.000*
+ 2,4% realistische Material-Gemeinkosten	*14.400*	*18.000*
+ Prozesskosten „Materialbereitstellung"	*216.000*	*21.600*
= Materialkosten	*830.400*	*789.600*

Sind demnach die Materialkosten für Modell Y wirklich niedriger als die von X? Ja, und zwar aufgrund folgender Überlegungen:

- Jeweils 10 Teile zu einer Baugruppe zusammenzufassen, verteuert sicherlich das bezogene Material; der Lieferant hat ja einen Teil der bisher bei „uns" erstellten Wertschöpfung bei sich durchgeführt. Im Beispiel: Das Material ohne Gemein- und/oder Prozesskosten ist bei Modell Y um 150 Euro teurer.

- Die vom Materialwert abhängigen (hier 2,4%) Gemeinkosten steigen entsprechend.

- Aber bei Modell Y fallen wegen der verringerten Teilevielfalt 10-mal weniger Bereitstellungsprozesse an als bei Modell X.

- Fazit: Die Materialkosten sind insgesamt bei X um 110,40 Euro teurer, bei Y um 110,40 Euro billiger als bisher kalkuliert (gleiche Beträge nur deshalb, weil mit je 1.000 Stück im Beispiel auch gleiche Mengen vorlagen!).

Was hätte ohne Prozesskostenrechnung geschehen können?

Wenn die Kunden der Firma keinen wesentlichen Unterschied zwischen X und Y gesehen hätten (wie oft, wenn nur das „Innenleben" des Produkts betroffen ist), hätte man als „traditioneller Controller" vielleicht komplett auf Modell X umgestellt. Zumindest wenn die Materialbereitstellung in ihrer Kapazität gut auf den Bedarf abgestimmt und damit bereits hoch ausgelastet war, hätte diese Abteilung deutlich vergrößert werden müssen – eben von einer Auslegung für 330 auf nunmehr 600 Bereitstellungsprozesse monatlich!

1.4.1.4. Operative Planungs- und Kontrollaufgaben in der Prozesskostenrechnung

Oben wurde die Bedeutung der – auf durchschnittliche „Beschäftigung" bezogenen! - internen Kostensätze für längerfristige Entscheidungen über Out- **und** Insourcing dargestellt.

Auf der operativen Ebene meist monatlich erstellter kurzfristiger Erfolgsrechnungen stehen derartige Reduzierungen oder Ausweitungen der Kapazität von Kostenstellen nicht zur Debatte.

Prozesskostenplanung und –kontrolle hat hier die Aufgaben,

- zuverlässige Istwerte für die Vergangenheit zu dokumentieren und zu Tendenzaussagen über fixe und variable Kostenanteile zu verdichten,

- auf Grundlage der Vergangenheitswerte **und** absehbarer Trends über Technologie, politische Rahmenbedingungen, Preisentwicklung usw. eine möglichst realistische Prognose über die künftige Höhe der fixen und variablen Plankosten abzugeben,

- Abweichungen zwischen diesen Plan- und den aktuellen Istwerten zu dokumentieren,

- die Ursachen für diese Abweichungen zu ermitteln, zumindest als widerlegbare Hypothesen einzugrenzen.

Gerade der letzte Punkt dient dazu, negativen Entwicklungen schnell gegenzusteuern, positive Entwicklungen möglichst auf alle Kostenstellen zu verallgemeinern.

Die wichtigsten immer wiederkehrenden Fragen derartiger Abweichungsanalysen lauten:

- Lohnt sich die Durchführung zusätzlicher Prozesse im eigenen Hause? Dies ist bei linearen Kostenverläufen und Unterauslastung der Kapazitäten in der Regel der Fall, gerade bei auftretenden Engpässen (selbst)kritisch zu hinterfragen.

- Erfolgte die Erstellung der Prozesse als betriebsinterner Dienstleistungen in sparsamem oder verschwenderischem Umgang mit den betrieblichen Ressourcen?

- Haben sich die Istpreise der Inputfaktoren günstig oder ungünstig für das Unternehmen entwickelt?

1.4.2. Typen der Prozesskostenrechnung

Im Gegensatz zur mehrere Jahrzehnte älteren Plankostenrechnung hat sich in der Prozesskostenrechnung keine ausgeprägte konzeptionelle Vielfalt ausgebildet.

Zwar weichen englischsprachige Varianten zuweilen in der Terminologie von der deutschen Prozesskostenrechnung ab – so ist das Kürzel „ABC" für „activity-based costing" weit verbreitet. Doch geht die grundsätzliche Logik der verschiedenen Varianten auf das Musterbeispiel erfolgreicher industrieller Großbetriebe wie der Siemens AG zurück.

In der Darstellungsform hat sich das auf HORVATH/MAYER zurückgehende, in Kap. 6 näher erläuterte Schema einer grundsätzlichen Divisionskalkulation von Prozesskostensätzen weitgehend durchgesetzt.

Prozesskosten gehen dann in Kalkulationen ein wie die seit langem bekannten Sondereinzelkosten etwa für Speziallackierungen oder spezielle Verbrauchs-, heutzutage besonders die Ökosteuern; vgl. das obige Einführungsbeispiel „Materialkosten".

Als praxisorientiertes Rechenschema für kritische Vergleiche unterschiedlicher Kalkulationsschemata wird die „Eliminationsrechung" im Gesamtplan nach P. HAAS empfohlen.

1.4.3. Erfolgsanalyse über den Betrieb hinaus: Benchmarking als aktuelle Entwicklungslinie

Bei allen Problemen, im Einzelfall die gewünschten Informationen zu erhalten, ist in den letzten Jahren gegenüber den seit langem bekannten Vergleichsmaßstäben wie

- betriebsintern „Normalkosten" (als Durchschnitt der Vergangenheit) und Plankosten (als Prognose nach bestem Wissen und Gewissen),
- betriebsextern Branchendurchschnitten

der Vergleich zu den „Klassenbesten" hinzugekommen: das **Benchmarking.**

Im Grundsatz ändert dieses Denken nichts an der verwendeten Rechentechnik, führt jedoch als zusätzliche Ebene zum realistischen Plan einen besonders anspruchsvollen Maßstab ein. Damit kann Prozesskostenrechnung die meist unkonkreten strategischen Überlegungen präzisieren, ob eine Lücke gegenüber der Konkurrenz beispielsweise eher im Einkauf (ungünstige Preisabweichung gegenüber dem Klassenbesten) und/oder der Erstellung der Prozesse liegt.

1.4.3.1 Definition

Benchmarking ist der **Vergleich** eigener Strukturen und Prozesse mit denen führender Unternehmen („Klassenbeste").
Ziel ist es, durch **Übernahme** von Bestlösungen und deren **Anpassung** an betriebliche Rahmenbedingungen die eigene Wettbewerbsfähigkeit zu verbessern (bzw. am liebsten selbst „Klassenbester" zu werden).

1.4.3.2. Historische Musterbeispiele

Ford soll das **Fließbandsystem** aufgrund einer Anregung aus einem Schlachthof entwickelt haben, wo die Schweine an Haken durch den Betrieb transportiert wurden. Ob diese Anekdote historisch nachweisbar ist, sei dahingestellt.
Belegen lässt sich jedenfalls, dass Ford Anregungen für die Rationalisierung der **Verwaltung** durch den Vergleich der Personalstärke und der Ablauforganisation mit dem Wettbewerber Mazda bekam und in der **Entwicklung** beste Detaillösungen von verschiedensten Konkurrenten übernahm.
Problem: Welcher Wettbewerber lässt sich so einfach in die Karten schauen!?

Die Firma **Xerox**, auf die der Begriff „Benchmarking" zurückgeht, wurde durch folgende Diskrepanz motiviert:
Der Marktpreis japanischer Kopiergeräte lag unterhalb der eigenen „Stückkosten" (ohne daß Dumping vorlag).

Zu (nicht nur) den Musterbeispielen Xerox und Ford vgl. die knappe, aber informative Darstellung bei Kotler/Bliemel, S. 406f.

1.4.3.3. Unterscheidung nach Benchmarking-Partner(n)

Internes Benchmarking kann innerhalb des Betriebes (z.B.: eine Arbeitsgruppe erzielt bessere Ergebnisse – kann man ihre Methodik verallgemeinern?) oder eines Konzerns (also über einen Wettbewerb von profit centers) stattfinden.

Externes Benchmarking wählt als Vergleichspartner:
- einzelne (erfolgreichere!) Wettbewerber (**wenn** diese mitmachen!),
- die Branche (Ziel: Ermitteln von Trends),
- branchenfremde Unternehmen, die in einzelnen Bereichen vergleichbare Funktionen besonders erfolgreich gestaltet haben.

1.4.3.4 Phasen des Benchmarking

Die Phasen-Einteilung dient nur zur Strukturierung und ist von Autor zu Autor im Detail unterschiedlich!

a) Zielsetzung; Teambildung
b) Ist-Analyse im eigenen Betrieb und bei dem/n Benchmarking-Partner/n
c) Vergleich und Bewertung von b)
d) Planung von Maßnahmen
e) Umsetzung/Durchführung der Maßnahmen

Zu a: Diese Phase nimmt relativ wenig Zeit in Anspruch. Das Verbesserungs-Ziel wird zweckmäßigerweise passend zur Unternehmensstrategie ausgewählt. Es macht also einen Unterschied, ob unter den Standardstrategien nach Michael PORTER Kosten- oder Qualitätsführerschaft angestrebt wird.

Zu b: Längste Phase (ca. 50% der Projektzeit). Die Ist-Analyse enthält immer eine Beurteilung nach „Aktenlage" und Anschauung, also mindestens
- Kennzahlenvergleich **und**
- Betriebsbegehung.

Dabei ist die „Kennzahlenanalyse" mit Vorsicht zu genießen; Zahlenbeispiel s.u.!

Zu d: Bei Benchmarking mit mehreren Partnern wird z.T. die **Kombination** bester **Teil-Lösungen** empfohlen, also z.B.:
- Einkaufs-/Lagerorganisation von Firma A,
- Produktionstechnik von Firma B,
- Vertriebssystem von Firma C
zu übernehmen.

Aber: **Passen A, B, C immer zusammen?**

(Vgl. EDV-Systeme in Großunternehmen, wo Daten-Im/Export eins der größten Probleme darstellt.)

Kapitel 2

Plan- und Prozesskostenrechnung als System

2.1 Der Systemansatz in praxisorientierter Absicht

Kostenrechnung wird zum Teil heute noch in erster Linie als eine Sammlung festgelegter Rechentechniken verstanden.

Soweit deren **Funktion** darin besteht, den **Input** an Buchführungs-Information als **Output** für die Bilanzierung aufzubereiten, hat diese Sichtweise ihre Berechtigung. Denn die Bilanzierung erfordert beispielsweise die Ermittlung von „Herstellungskosten", die den Rechtsnormen des HGB oder des Steuerrechts (oder auch beiden zugleich) entsprechen müssen.

Bereits das traditionsreiche Feld der Kalkulation geht über eine solche Normierung hinaus. Denn jetzt wird aus dem Input der Buchführung – oder um kalkulatorische Aspekte verfeinert: der Kostenartenrechnung – als Output eine **Information zwecks Entscheidungsfindung** gewonnen. Bei aller berechtigten Kritik „moderner" Kostenrechnungsverfahren an der traditionellen Kalkulation ist diese nicht vereinheitlicht: Einer Unternehmensleitung steht es z.B. frei, lieber mit Zuschlags- oder Maschinenstundensatzkalkulation zu rechnen und auch „aus Erfahrung" vom rechnerischen Angebotspreis abzuweichen.

Kostenrechnung als System – und nicht nur als Algorithmus – zu interpretieren, erfordert also nicht in erster Linie die Verwendung der Termini wie Funktion = Verknüpfung von Input und Output. Das wäre reine Übersetzungsarbeit letztlich ohne praktischen Nutzen!

Kostenrechnung als System beinhaltet vielmehr stets **Lernen aus Feedback**.

Solche Lernprozesse führen zur **Variation bestehender Rechentechniken** wie
-   Übergang von summarischer (mit nur einem pauschalen Zuschlagsatz) zu differenzierter Zuschlagskalkulation

und zum **Erfinden neuer Rechentechniken** wie
-   der Maschinenstundensatzrechnung aufgrund der gewachsenen Bedeutung von Maschinen- gegenüber Lohnkosten, aber auch
-   der Prozesskostenrechnung als konsequenterer Anwendung des bereits bei Maschinenstundensätzen ansatzweise angewandten Verursachungsprinzips.

Betrachtet man Prozesskostenrechnung als (lediglich etwas „moderneren") Algorithmus, so interpretiert man ihre derzeit in der Praxis vorherrschende Vollkosten-Orientierung als unabänderlich [1].

Prozesskostenrechnung als System dagegen

- **ergänzt** die strategische Vollkostenbetrachtung um operative Planung und Kontrolle, eben in Form angewandter Plankostenrechnung,
- **vermeidet** übervereinfachte Handlungsempfehlungen wie „Outsourcing, weil der Prozesskostensatz zu hoch sei",
- strebt letztlich eine **Integration** in entscheidungsorientierte Systeme wie Deckungsbeitragsrechung an.

In diesem Lehrbuch wird ein Kompromiss eingegangen zwischen

- Wiedergabe des „Stands der Technik", der aus Lernprozessen besonders von Praktikern (wie PLAUT als Schöpfer der „Grenzplankostenrechnung") und nicht einem stringenten Theoriekonzept gewonnen ist, und
- Darstellung weiterführender, das System aussagekräftiger machender Folgerungen aus den Unzulänglichkeiten der derzeit verbreiteten Varianten.

2.2 Erkenntnisleitende Fragestellungen

Im Vordergrund der Argumentation steht das Instrument „Plankostenrechnung". Hierbei werden im folgenden vier Dissens-Ebenen unterschieden, die sich durch entsprechende erkenntnisleitende Fragen kennzeichnen lassen:

> (1) *Wenn Plankostenrechnung nicht Denksport, sondern ein Instrument zur Erfüllung von Informationsbedürfnissen sein soll, stellt sich die Frage:*
>
> *Wie weit geht dann der wirtschaftlich sinnvolle Grad der Integration betrieblicher Funktionen?*

Am Beispiel der Beurteilung des ökonomischen Erfolgs von Produkten (und im Grundsatz zu Produktgruppen usw. verallgemeinerbar) wird in Kapitel 2.3 gezeigt, dass nur eine integrierte Analyse von Produktions- und Absatzsphäre rationale Entscheidungen vorbereiten kann. Jedenfalls gilt dies innerhalb des bestehenden marktwirtschaftlich-kapitalistischen Wirtschaftssystems, das durch beträchtliche Unsicherheit der Erwartungen besonders auf der Absatzseite gekennzeichnet ist [2].

> (2) *Eine höchst relevante Aufgabe der Plankostenrechnung stellt die Abweichungsanalyse durch Aufspaltung dar.*
>
> *Sie ist als Zwischenschritt zur „Detektivarbeit" der Ursachensuche allgemein anerkannt, erfordert jedoch in der konkreten Ausgestaltung die Klärung folgender Fragen:*
>
> *(a) Welche Gesamtabweichung erweist sich für Entscheidungszwecke als adäquat und bietet sich somit als Ausgangspunkt der ganzen Analyse an?*
>
> *(b) Wie wirkt sich die Entscheidung ad (a) auf Rechengang und v.a. inhaltliche Interpretation von Teil-Abweichungen aus?*

Ad *(a)* wird in Kapitel 2 die Streitfrage „Plankosten oder verrechnete Plankosten?" mit dem Ergebnis entschieden: Sinnvoll ist nur die Definition einer Gesamtabweichung als Differenz von (dokumentierten) Plankosten. Dabei gilt es zu vermeiden, dass Istkosten durch Annahmen verfälscht werden. Hierbei ist die Definition des Vorzeichens lediglich Sache der Konvention.

Ad *(b)* erfolgt eine Darstellung und Kritik unterschiedlicher Ansätze, die in Kapitel 3 rechnerisch konkretisiert dargestellt werden.

Insbesondere wird sich als entscheidender Dissens die Definition von „Beschäftigungsabweichungen" erweisen, die aber nur im Zusammenhang mit der Vorentscheidung ad (1) überhaupt sinnvoll interpretierbar sind.

Sinnvoll interpretierbar als ein für die Feedback-Kontrolle notwendiger Baustein der Plankostenrechnung ist demnach die „echte Beschäftigungsabweichung" als Differenz von Plan- und Sollkosten. Denn sie gibt an, um wieviel die Kosten bei gleichbleibenden Rahmenbedingungen allein aufgrund veränderter Output-Menge hätten steigen dürfen bzw. sinken müssen.

> (3) *Wie sollte man den Algorithmus der „Abweichungsanalyse-Methoden" formal gestalten?*

Hier werden insbesondere die Einwände von KLOOCK und WILMS gegen das in der praxisgerechten Plankostenrechnung weiterhin angewandte Prinzip willkürlicher Zurechnung derjenigen Abweichungen zu diskutieren sein, die durch mehrere Einflussfaktoren gemeinsam verursacht sind. Es wird sich in Kapitel 4.2 zeigen, dass die Entscheidung letztlich vom Widerspruch zwischen praktischer Anwendbarkeit und mathematischer Eleganz abhängt, eine Synthese der unterschiedlichen Ansätze aber möglich ist.

Die folgende Abbildung zeigt den „klassischen" Lehrbuch-Fall. Dieser wird in Kapitel 3.1 näher diskutiert.

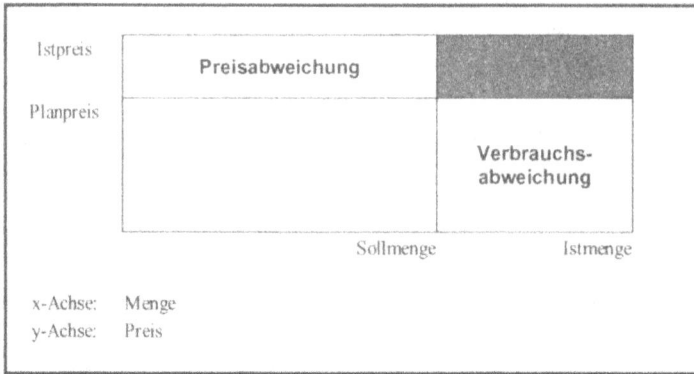

Abbildung 3: klassischer Lehrbuchfall (pessimistisch)

Fall I:

„klassischer" Lehrbuchfall (pessimistisch) mit *Sollmenge < Istmenge* und *Planmenge < Istpreis*.

Preis- und Verbrauchsabweichung sind negativ; die (dunkel dargestellte) Sekundärabweichung wird der Preisabweichung zugeordnet.

Die üblicherweise so bezeichnete „kumulative Analyse"[3] stellt nur je eine Preis- und Verbrauchsabweichung (PA und VA) dar.

Abweichungen „höherer Ordnung" (bei 2 Einflussfaktoren: Sekundärabweichungen), also beispielsweise Kostenüberschreitungen aufgrund gleichzeitig erhöhten Mengenverbrauchs und gestiegener Preise, werden demnach nicht getrennt ausgewiesen. Statt dessen sind sie willkürlich im Ganzen - je nach Detailkonzeption - entweder der PA oder der VA zugerechnet.

Konsequent formuliert weist die „differenziert-kumulative Analyse"[4] im Fall der Abbildung 1-1 eine „reine" *Preisabweichung* - PA (oberes, langes Rechteck), eine „reine" *Verbrauchsabweichung* VA (rechtes, hohes Rechteck) und eine Sekundärabweichung (schraffiertes Rechteck oben rechts) aus, lässt aber eine anschliessende Zusammenfassung wie in der kumulativen Analyse grundsätzlich zu.[5]

(4)   *Aus welchen Datenquellen werden die Plankosten überhaupt ermittelt?*

Zunächst bleibt die „buchhalterische Kostenauflösung"[6] außer Betracht, da sie durch ihr „daumenpeilendes" Zuordnen ganzer Kostenarten[7] nur eine sehr grobe Trennung in „fix" und „variabel" erzeugt. Wenn eine derartige Methode nach gründlicher Recherche als Näherung für exakte Verfahren angewandt wird, kann sie einen heuristischen Kompromiss für kleine und mittlere Betriebe darstellen. Wo exaktere Analysetechnik beispielsweise mangels statistisch vorgebildeten Personals nicht zur Verfügung stehen, kann man immerhin eine (in der Grundrichtung rationale, im Detail natürlich mit der Ungenauigkeit des „buchtechnischen" Vorgehens behaftete) Deckungsbeitragsrechnung auch in kleinen Handwerksbetrieben implementieren.[8]

Die sogenannten „analytischen Methoden der Kostenplanung"[9] beanspruchen, sich bewusst von (möglicherweise nicht optimalen) Erfahrungswerten zu lösen. Will man die Kosten aber nicht am „grünen Tisch" planen, so muss jede theoretische Vorgabe auch Bezug auch auf reale Vergangenheitswerte nehmen. Somit erweist sich die in der Lehrbuch-Literatur übliche Gegenüberstellung zu „statistischen Methoden"[10] im Sinne eines „Entweder – oder" als nicht sinnvoll.

Ohne eine detaillierte Diskussion wie bei den drei vorangegangenen Fragen zu führen, geht die vorliegende Arbeit vom Paradigma der statistischen Kostenauflösung mittels der Methode der kleinsten Quadrate aus.

Begründen lässt sich dies dadurch, dass
- nur die rechnerisch exakte Lösung mittels Regressionsrechnung die vergangenheitsorientierte Kostenauflösung adäquat vornimmt[11],
- die heutigen Hard- und Software-Möglichkeiten (mehrere Varianten der Regressionsrechnung stehen bereits in Standardprogrammen wie EXCEL[12] zur Verfügung) rechentechnische „Daumenpeilmethoden" nicht mehr erfordern; wobei
- zur Ermittlung der Plankosten die Istwerte unter Berücksichtigung bereits absehbarer Trends zweckmäßigerweise zu variieren sind.

Sinnvoll ist die Verwendung der Regressionsanalyse für die Beschreibung der Vergangenheit. Wenn die Voraussetzungen der mathematischen Verfahren erfüllt sind, dann eignet sie sich auch zur Prognose der Zukunft unter Voraussetzung konstant bleibender Randbedingungen. Da konstante Rahmenbedingungen selbst für weniger innovative Branchen, beispielsweise Schraubenfabriken, unwahrscheinlich erscheinen, wird dieser Fall nicht näher diskutiert.

Die Bestimmung von konkreten Parametern als Endpunkt der Regressionsanalyse ist damit zugleich Ausgangspunkt einer qualitativen, „detektivischen" Ursachenanalyse und einer Prognose, die vorausschauend Änderungen der Randbedingungen bei der Ermittlung von Plan-Informationen berücksichtigt.

2.3 Einführende Beispiele aus der Kostenrechnungspraxis

Der Terminus „Plankostenrechnung" wird in der Literatur in zwei Versionen verwendet.[13]

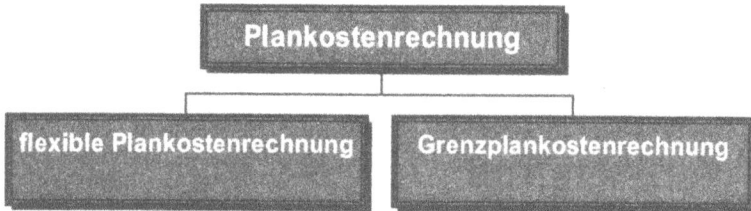

Abbildung 4: Versionen der Plankostenrechnung

(a) „flexible Plankostenrechnung"[14], welche die Abhängigkeit der Kostenhöhe von mindestens einem Faktor berücksichtigt;

(b) „Grenzplankostenrechnung"[15], die insbesondere die Diskussion um die Realitätsnähe und Interpretierbarkeit der „sogenannten Beschäftigungsabweichung" scheinbar elegant durch Ausweis nur eines variablen Kostenanteils umgeht.

Ad a:

Für praktische Zwecke ist es sinnvoll, immer den wichtigsten Einflussfaktor der Kostenhöhe auch in seiner tatsächlichen Ausprägung, also dessen Istwert, zu berücksichtigen. Das wird häufig – wie hier als Normalfall angenommen – der Output sein. Darüber hinaus sollten jeweils die Faktoren analysiert werden, die im konkreten Fall ggf. zusätzlich hohen Einfluss ausüben, beispielsweise Technologie, Materialqualität.[16] Im EDV-orientierten Standardsystem ist hierfür den Anforderungen der Praxis entsprechend eine Aufspaltung der Verbrauchsabweichung möglich.

Ein Konstrukt, der sich mühelos kritisieren lässt, bauen Kilger/Vikas auf, wenn sie der flexiblen Plankostenrechnung ihre Nicht-Anwendung der Kostenspaltung für „dispositive Aufgaben" vorwerfen.[17] Ihre Beispiele[18] können logischerweise eine Kontroll-Rechnung gar nicht betreffen, denn die Prämisse „Stehen nur Vollkosten zur Verfügung ..."[19] schließt flexible Plankostenrechnung gerade aus. Diesen Autoren ist entgegenzuhalten, dass sie nicht zwischen einem logischen Prinzip und dessen möglicherweise inkonsequenter Anwendung unterscheiden.[20]

Ad b:

Die zuweilen verwendete Bezeichnung „variable Istkosten"[21] ist eine über-vereinfachte Darstellung der Intentionen PLAUTs, der bereits bei Erfindung seiner Konzeption äußerte: „Der Soll-Ist-Vergleich wird grundsätzlich in drei Spalten durchgeführt. Die erste Spalte enthält die fixen Kosten, die zweite Spalte die proportionalen Sollkosten und die dritte Spalte die Istkosten, von denen vorher die Fixkosten abgezogen werden."[22] Aus dem Zusammenhang ergibt sich, dass Plaut mit „fixen Kosten" in erster und dritter Spalte die geplanten Fixkosten gemeint hat. Diesen Zusammenhang betonen auch KILGER/VIKAS[23], allerdings mit der bei den Autoren durchgängigen Unterstellung, kostenträgerbezogene Solleinzelkosten seien variabel.

Gegenfrage:
Schwanken die Fertigungslöhne bei allen (teilweise auch praxiserprobten) Modellen einer Arbeitszeit-Flexibilisierung wirklich immer sozusagen automatisch mit der Ausbringung!?

Generell kann man für die gesamte Diskussion auf der Basis linearer Kostenfunktionen davon ausgehen, dass Linearität der Kostenfunktionen lediglich eine approximative Annahme darstellt.[24]

Explizit gemeinsam ist beiden Ansätzen die Verwendung der meist als „Beschäftigung" bezeichneten Outputmenge eines Produktionsprozesses als wichtige (oft als einzige) unabhängige Variable. Es bleibt dahingestellt, ob diese missverständliche Bezeichnung aus historischen und/oder ideologischen Gründen in der Literatur weiterverwendet wird. Denn die produktivitätsbedingte faktische Entkopplung von Wirtschaftswachstum und Beschäftigung im Sinne von Arbeitsplatzschaffung bzw. –erhaltung führt die Bezeichnung „Beschäftigung" synonym zur Outputmenge ad absurdum.[25]

Implizit gemeinsam ist beiden Ansätzen eine Abweichungsanalyse - implizit deshalb, weil Grenzplankostenrechnung die Preisabweichung durch das schon von PLAUT geforderte „Festpreissystem"[26] vorab ausschaltet und die „Beschäftigungsabweichung" weg-definiert.[27]

Dadurch bleibt – bei Einhaltung der Reihenfolge „Erst um Preiseffekte bereinigen, dann um Outputschwankungen"[28] - die Verbrauchsabweichung als Herzstück der Kostenkontrolle der Nachkriegszeit übrig. Sie ist identisch mit der Verbrauchsabweichung einer flexiblen Plankostenrechnung auf Vollkostenbasis. Dieses Vorgehen lässt sich nur vertreten, soweit die immanente Logik des zu lösenden Problems Exaktheit überhaupt zulässt.[29]

Auf der Ebene von ganzen **Sortimenten** beziehen SERFLING[30], in Anschluss an GROLL[30a], bzw. COENENBERG et al.[31] den Absatz durchaus ein, allerdings mit Modellen, die nur unter recht strengen Prämissen sinnvoll sind. Zur Verdeutlichung sei der Ansatz von SERFLING gezeigt. Dies soll, im Gegensatz zu COENENBERG et al., der Kosten- und Absatzseite integriert, anhand seines Zahlenbeispiels kurz dargestellt und interpretiert werden:[32]

Plan-Ist-Vergleich mit Abweichungsanalyse

Artikel	Absatzmenge		Ergebnis Ist			Ergebnis Plan			Gesamtabweichung	Teilabweichung		
	IST	Plan	Netto-erlöse	variable Kosten	Deckungs-beitrag	Netto-erlöse	variable Kosten	Deckungs-beitrag		Verkaufs-preisab-weichung	Kosten-abwei-chung	Absatz-mengen-abweichung
	Stück	Stück	EUR	EUR	EUR	EUR	EUR	EUR	EUR	EUR	EUR	EUR
1	2	3	4	5	6	7	8	9	10	11	12	13
Alert	22.000	20.000	110.000	30.800	79.200	100.000	28.000	72.000	+7.200	0	0	+7.200
Alert neu	24.000	25.000	156.000	45.600	110.400	175.000	45.000	130.000	-19.600	-12.000	-2.400	-5.200
Tranquil	12.000	8.000	54.000	14.400	39.600	32.000	8.000	24.000	+15.600	+6.000	-2.400	+12.000
Tranquil forte	12.000	14.000	96.000	15.600	80.400	126.000	19.600	106.400	-26.000	-12.000	+1.200	-15.200
Summe	70.000	67.000	416.000	106.400	309.600	433.000	100.600	332.400	-22.800	-18.000	-3.600	-1.200
Absatzvolumenabweichung												+14.883,58
Absatzzusammensetzungsabweichung												-16.083,58
Fixe Kosten					-93.000			-90.000	-3.000			
Preisdifferenzkosten					-900				-900			
Verbrauchsabweichung					-2.500				-2.500			
Betriebsergebnis					213.200			242.400	-29.200			

Quelle: Serfling, S. 275

Abbildung 5: Plan-Ist-Vergleich mit Abweichungsanalyse

Ausgangspunkt - auf der Produktebene - ist eine Deckungsbeitragsabweichung von **-22.800 €** für alle betrachteten Produkte.

Diese setzt sich zusammen aus drei negativen Komponenten:

- Verkaufspreisabweichung: =   - 18.000 €

- Kostenabweichung: =   - 3.600 €

- Absatzmengenabweichung: =   - 1.200 €

Beispielhaft wird hier das Produkt „Alert neu" mit SERFLINGs Formeln[33] durchgerechnet. Bitte stellen Sie anhand dieses Rechengangs sicher, dass Sie die Werte für die anderen drei Produkte selbständig ermitteln können!

Verkaufspreisabweichung = Ist-Absatzmenge * (Ist-Verkaufspreis – Plan-Verkaufspreis)

= 24.000 St. * (156.000 €/24.000 St. – 175.000 €/25.000 St.)
= 24.000 St. * (6,50 €/St. – 7,00 €/St.)
= **- 12.000 €**

Kostenabweichung = Ist-Absatzmenge * (Ist-Grenzselbstkosten/St. – Plan-Grenzselbstkosten/St.)

= 24.000 St. * (45.000 €/25.000 St. – 45.600 €/24.000 St.)
= 24.000 St. * (1,80 €/St. – 1,90 €/St.)
= **- 2.400 €**

Absatzmengenabweichung = (Ist-Absatzmenge – Plan-Absatzmenge) * Plan-Stückdeckungsbeitrag

= (24.000 St. – 25.000 St.) * 130.000 €/25.000 St.
= - 1.000 St. * 5,20 €/St.
= **- 5.200 €**

Der Vergleich der Formeln bei SERFLING mit den in Kapitel 3.5 dieses Lehrbuchs genannten ergibt, dass die Summe aus Verkaufspreis- und Absatzmengenabweichung gleich dem hier vorgeschlagenen Indikator zur schematischen Bewertung der Vertriebsabteilung ist. Bei „Alert neu" war also der Vertrieb nicht erfolgreich, da ein Preisverfall trotz sinkender Absatzmenge stattfand, der durch die Einsparung von variablen (bei Serfling synonym: Grenz-) Kosten nicht kompensiert werden konnte.

Die **Absatzmengenabweichung** von - 1.200 € kann - „wenn die Verwandtschaft der Artikel derart beschaffen ist, dass man die einzelnen Absatzmengen addieren kann"[34] - weiter differenziert werden in

- Absatzvolumenabweichung: = + 14.883,58 €

- Absatzzusammensetzungsabweichung: = - 16.083,58 €

Bei der Beurteilung der Vertriebsabteilung ist diese Aufspaltung zur Erklärung[35] der - im Beispiel - negativen Absatzmengenabweichung trotz gestiegener Absatzmenge sinnvoll, selbst wenn aufgrund von Sortimentseffekten die Absatzmenge und der Absatzmix nicht unabhängig voneinander variiert werden können. Im Zahlenbeispiel war die Menge insgesamt gestiegen, aber eben bei den deckungsbeitragsschwachen Erzeugnissen deutlich gestiegen, bei den deckungsbeitragsstarken Produkten sogar gesunken, wie der Rechengang zeigt:

Absatzvolumenabweichung aller (hier vier) Produkte =

(Istmenge$_{gesamt}$ – Planmenge$_{gesamt}$)	* durchschnittlicherPlan-Deckungsbeitrag/St.

= (70.000 St. – 67.000 St.) * (332.400 €/67.000 St.)
= + 3.000 St. * 4,96 €/St.
= + 14.883,58 €

Absatzzusammensetzungsabweichung aller (hier vier) Produkte =

Istmengen * Plan-Deckungsbeiträge	Istmenge$_{gesamt}$ * durchschnittl. Plan-Deckungsbeitrag/St.

= 22.000 * (72.000/20.000) + 24.000 * (130.000/25.000) + 12.000 *
  (24.000/8.000) + 12.000 * (106.400/14.000) - 70.000 * 4,96
= 331.200,00 - 347.283,58
= - 16.083,58 (€)

Die Vergleichbarkeit erfordert, wie häufig in der Kostenrechnung, „Übersetzungsarbeit". Exemplarisch gilt:

Begriff nach Serfling	Begriff nach Coenenberg et al.
Absatzmengenabweichung	Deckungsbeitrags-Absatzvolumenabweichung
Absatzvolumenabweichung	Absatzmengenabweichung
Absatzzusammensetzungsabweichung	Absatzmixabweichung

Da beide Verfahren inhaltlich identisch sind, betrifft der folgende Kritikpunkt die zwei Versionen gleichermaßen:

Die additive Zerlegung der erstgenannten in die zwei folgenden Abweichungen führt nur dann ohne zusätzliche Analyse zu konkreten Handlungsempfehlungen, wenn die jeweiligen Stückdeckungsbeiträge keine mathematische Funktion der Stückzahlen darstellen, also unabhängig von den Mengenänderungen verlaufen. Dies ist eine recht kühne Annahme. Erstaunlicherweise verzichten Coenenberg et al. hier auf ihre sonst übliche kritische Beurteilung.[36)]

Kostenbezug der vorherrschenden Denktradition der Plankostenrechnung und Absatzbezug des Ansatzes von SERFLING, der bei ihm unter Deckungsbeitragsrechnung eingeordnet ist, bzw. GROLL sind also zu integrieren. Denn „alte" Plankostenrechnung mit dem Ausgangspunkt (im doppelten Wortsinne!) „verrechneter Plankosten" favorisiert automatisch, also rein durch die Rechentechnik, die mengenmäßige Absatzerhöhung[37)]. Dies lässt sich durch Einsetzen in die Formel der „sogenannten Beschäftigungsabweichung" (s. Kapitel 3.5) beweisen.

Beispiel:

Ein Unternehmen rechnet intern mit einem „Festpreis" von 50 € pro Lohnstunde. Geplant hat es für einen bestimmten Monat 200 Lohnstunden, davon 80 für Aufrechterhaltung der Betriebsbereitschaft (Wartung, Fortbildung usw.), 120 variabel für die Produktion von 600 Stück Output.
(Mit anderen Worten: Pro Stück zusätzlichen Outputs werden 120/600 = 0,2 Stunden mehr Arbeitszeit verbraucht.) Steigt nun der Output um 10%, so auch der variable Teil der Lohnstunden: insgesamt werden 80 fixe und 132 variable = 212 Lohnstunden zu erwarten sein (es kann ja auch Verbrauchsabweichungen geben).

Mit dem geplanten Preis bewertet, nennt man diese Größe Sollkosten: Es dürfen („sollen") für den erhöhten Output von 660 Stück Personalkosten in Höhe von *212 h * 50 €/h = 10.600 €* anfallen.

Die herkömmliche Plankostenrechnung argumentiert nun:
Im Verkaufspreis stecken anteilig auch die geplanten Kosten. Diese wurden bei der Vorkalkulation auf Stückkosten umgerechnet, also die Plan-Personalkosten von
*200 h * 50 €/h = 10.000 € / 600 Stück = 16,67 €/Stück.*

Wurde nun mehr verkauft, so anteilig auch mehr für die „verrechneten Plankosten" eingenommen, nämlich *16,67 €/Stück * 660 Stück = 11.000 €.*

Als (wie die Kritik dieser Rechentechnik anmerkt: „sogenannte") Beschäftigungsabweichung ergibt sich: *11.000 – 10.600 = + 400 [€].*

Das bedeutet: Als (rein rechentechnischer!) Teil des Umsatzes, der für die Kostendeckung gedacht (!) war, wurden *400 €* „zu viel" eingenommen. Anders gesagt: die Fixkosten sind „überdeckt".

Die herkömmliche Plankostenrechnung deutet somit auf ihre Entstehung in der (Nach-) Kriegszeit hin. Der später zu diskutierende, realitätsnähere Ausweis „echter Beschäftigungsabweichungen" führt - auch wenn es nicht explizit so formuliert wird - zur fundamentalistisch-„grünen" Strategie nach dem Motto, gar keine Produktion erspare (trivialerweise) die meisten Kosten. Durch Einsetzen in die entsprechende Formel des Kapitel 3.5 lässt sich nämlich zeigen, dass die „echte Beschäftigungsabweichung" stets für einen Output von null Einheiten ein Maximum erreichen würde.

Beispiel mit echter Beschäftigungsabweichung:

Alle Angaben bleiben gleich, somit auch die errechneten Sollkosten in Höhe von 10.600 €. Dem werden nun die ursprünglichen Plankosten von 10.000 € gegenübergestellt.
Die Differenz = *10.000 – 10.600 = - 600 [€]* sagt aus, dass die Produktionssteigerung eine Kostensteigerung von *600 € = 12 h * 50 €/h* verursachte.

Gegen beide Dogmen bedenke man, dass beispielsweise bei Positionierung in Marktsegmenten mit höherer Kaufkraft eine Verringerung der Absatzmenge sogar mit einer Umsatzsteigerung einhergehen kann! Erst der Vergleich, ob – im Falle der „Unterbeschäftigung" - Kosteneinsparung oder monetäre Umsatzsenkung der stärkere Effekt ist, führt zu einem Auffinden einer (unter den gegebenen Informationen) optimalen Produktionsmenge[16].

Dies lässt sich bei einer Betrachtung des Rechenbeispiels aus Kapitel 3.2.3.4, ausgewertet über mehrere Perioden, zeigen:

> (1)   *„Alte" Plankostenrechnung (Kapitel 3.2) bewertet den zu geringen Mengenabsatz als negativ; sie interpretiert:*

Laut Beschäftigungsabweichung wurden 180 € zu wenig Fixkosten gedeckt.

Folglich wird dieser Ansatz kurzfristige Überschreitungen der Outputmengen („lieber 100 Stück mehr als 100 Stück weniger"), längerfristig höhere Planmengen anstreben. Denn am besten sind Fixkosten „überdeckt", wenn sie sich auf eine unendlich große Produktionsmenge verteilen, ihr (rein rechnerischer!) Stückkostenanteil also auf Null sinkt. Unberücksichtigt bleibt, dass der Vertrieb die Massen an Output auch verkaufen muss!

> **(2)** *„Echte Beschäftigungsabweichung" ohne Absatzsphäre (Kapitel 3.3)*
> *bewertet den verringerten Mengenabsatz positiv, denn:*

Es wurden 420 € variable Kosten eingespart (Gültigkeit der geplanten
Produktionsfunktion vorausgesetzt).

Konsequenterweise müsste dann ROLLWAGE als Vertreter dieses Ansatzes angesichts des Rechenbeispiels fordern: „Weiter so!" Denn je niedriger die Outputmenge wird, umso niedriger auch die variablen Kosten. Bis schließlich beide auf Null sinken würden ...

> **(3)** *Praxisgerechte Plankostenrechnung – wie sie in diesem Lehrbuch*
> *dargestellt wird - verwendet als integriertes Entscheidungskriterium*
> *den Saldo*

echte Beschäftigungsabweichung + Erlösabweichung =
+ 420 € - 100 € = + 320 €.

Eine mögliche Interpretation wäre:
„Es hat sich gelohnt, das Produkt teurer zu positionieren. Die Nachfrager haben schwach reagiert, so dass nur *100 € Umsatz* verloren gingen. Dem standen *420 € Kostenersparnis* gegenüber."

Hier hat der Entscheidungsträger die Chance, durch situationsabhängiges Probieren den Gewinn zu erhöhen. Dies kann er beispielsweise durch *Preiserhöhung* auf *11,50 oder 12,00 €*, bis eben der o.g. Saldo zeigt: „Jetzt geht im Verhältnis zur Kosteneinsparung zuviel Umsatz verloren."

Es zeigt sich:
Reine Maximierung oder Minimierung von Absatzmengen ohne Nebenbedingungen sind praktisch irreale Grenzfälle.

Praxisgerechte Plankostenrechnung akzeptiert also, bei aller Detailkritik früherer Ansätze, den bereits bei SERFLING bzw. GROLL angewandten Grundsatz der Integration betrieblicher Funktionen.

Ferner trifft sie - übereinstimmend mit ROLLWAGEs „outsider"-Tradition der Grenzplankostenrechnung[38] - eine Entscheidung über die Schnittstelle zwischen grob-naiver Kostenkontrolle und differenzierter Kostenanalyse.

Plankostenrechnung lässt sich nämlich an zwei Instrumente traditioneller Kostenrechnung „anbinden":
Betriebsabrechnungsbogen (BAB) und *kurzfristige Erfolgsrechnung.*

Dies kann zu unterschiedlichen Ergebnissen und damit Handlungsempfehlungen führen. Dabei ist zu beachten, dass in der Praxis beide Instrumente auch vermischt vorkommen. Insofern sind die folgenden Ausführungen als idealtypisch zu verstehen.

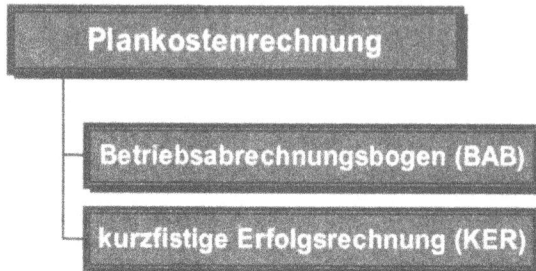

*Abbildung 6: Anbindung der Plankostenrechnung
an Instrumente traditioneller Kostenrechnung*

Ist der BAB der Ausgangspunkt (jedenfalls die Version mit Soll-Ist-Vergleich der Gemeinkosten-Zuschlagssätze[40)]), so orientiert man sich bereits an „verrechneten" Kosten[41)]. Dies lässt die Manipulationsmöglichkeiten zu, die eine nicht von Fakten, sondern von Bewertungen abhängende Unterscheidung wie zwischen Fertigungs- und Hilfslöhnen eröffnet.

Wenn diese beiden Teile der Personalkosten stellenbezogen definiert werden[42)], sind derartige Manipulationsmöglichkeiten ausgeschaltet. Bei enger Anbindung an das externe Rechnungswesen können Gepflogenheiten wie eine Definition der Fertigungslöhne als „Löhne für die an einem bestimmten Auftrag eingesetzten Arbeiter"[43)] die genannten Manipulationsmöglichkeiten eröffnen, wie folgendes *Beispiel* zeigt:

In einer Fertigungshauptkostenstelle, beispielsweise einem bestimmten Werkstattbereich, etwa der Montage von Einzelteilen zum Fertigprodukt, sind zusammengefasst geplant:
Diverse Gemeinkosten in Höhe von *100.000 €* pro Monat.

Personalkosten in Höhe von *200.000 €* für 4.000 Arbeitsstunden pro Monat (woraus sich Rückschlüsse auf die Arbeitskräftezahl bilden lassen, bitte beachten Sie Urlaubs- und Krankheitstage!).

Geplant waren *1.000 Stück* Endprodukt mit einem Arbeitsaufwand von *3 Stunden* pro Stück.

Daraus ergibt sich eine Aufteilung der Personalkosten (geplant) in

Fertigungslöhne = 1.000 St. * 3 Stunden/Stück * 50 €/Stunde
= 150.000 € sowie

Hilfslöhne = die verbleibenden *50.000 €.*

In der formalen Logik der Zuschlagskalkulation heißt das:
Man beziehe die Gemeinkosten von *150.000 €,* inklusive der Hilfslöhne auf die Einzelkosten. Um schneller rechnen zu können, betragen im Beispiel die Einzelkosten ebenfalls *150.000 €* und geben einen Plan-Zuschlagssatz von *100%.*

Nach Monatsende zeigt sich als Ist-Ergebnis:

Die diversen Gemeinkosten blieben bei *100.000 €.*

Auch die Produktion betrug gerade *1.000 Stück.*

Aber es wurden *4.400 Stunden* geleistet, was (bei konstant unterstelltem Stundensatz) die Personalkosten auf *220.000 €* erhöhte.

> *Kann man diese Kostensteigerung verstecken?*

Wenn Hilfslöhne als „Rest" definiert werden (und der „Controller" meistens am Schreibtisch und selten in der Produktion anzutreffen ist): Ja!

Beispielsweise könnte die Zeitaufschreibung ausweisen, dass die zusätzlichen 400 Stunden eben am Produkt gearbeitet wurde. (Das **kann** wirklich so sein, etwa bei Kunden-Sonderwünschen. Hier gilt es zu prüfen, ob sich künftig die Erfüllung der Wünsche auch wirtschaftlich lohnt!).

Dann ergeben sich:

Fertigungslohn = 3.400 Stunden * 50 €/St. = 170.000 €

Gemeinkosten = weiterhin *150.000 €* (die Hilfslöhne bleiben in diesem Beispiel ja auch gleich).

„Ist"-Zuschlagssatz = 150.000/170.000 = 88% .

Eine Spitzenleistung unseres Werkstattmanagers, dass er den Zuschlagssatz von *100 %* auf *88 %* gesenkt hat, oder!?

Traditionelle Controller sollten also bedenken, dass Kostenstellenverantwortliche Kennzahlen oft (mindestens) genauso gut wie sie selbst interpretieren und manipulieren können. Dies gilt nach der Erfahrung in zahlreichen Praxisprojekten gerade bei Nichtkaufleuten, deren Blick auf die Wirklichkeit nicht durch das Verinnerlichen von Rechtsnormen beispielsweise der Bilanzierung beeinträchtigt ist.

Dagegen ist eine realistische Plankostenrechnung an das traditionelle Instrument anzubinden, das schon lange zwei reale Werte vergleicht: die kurzfristige Erfolgsrechnung.[44] Aber auch der BAB ist in Richtung Plan-Ist-Vergleich ohne „verrechnete Gemeinkosten" zu gestalten!

Denn die Plangröße ist das Ergebnis tatsächlicher Planungsprozesse, die Istgröße das tatsächlicher Produktionsprozesse.

Es wäre wohl einer empirischen Untersuchung wert, zu erforschen, wie viele der Praktiker diesen Schritt schon stillschweigend vollzogen haben. Dies kann aber ein Lehrbuch nicht leisten.

Im Sinne eines bei Informationsflut unvermeidlichen *management by exception* indiziert eine unerwartete Plan-Ist-Abweichung (die im Extremfall gleich Null[45] trotz veränderter Rahmenbedingungen sein kann) die Notwendigkeit tiefergehender Analyse.

> *Als Ergebnis der bisherigen Überlegungen wird im Folgenden aus den „herkömmlichen" Wurzeln ein theoretisch fundiertes und praktisch anwendbares System entwickelt, für das ich den Terminus „praxisgerechte Plankostenrechnung" vorschlage.*

Zur Relevanz der Plankostenrechnung überhaupt sei darauf hingewiesen, dass eine zukunftsorientierte feedforward-Kontrolle, welche nach DEYHLE[46] immerhin Stand der Technik ist, stets die Ursachenanalyse einer feedback-Kontrolle des Vergangenen voraussetzt[47].

Kapitel 3

Entwicklung der Rechenschemata in praktischer Anwendung

3.1 Zum gemeinsamen Problem „Abweichungen höherer Ordnung"

Durch Preis- und Mengenänderungen verursachte Abweichungen werden in allen drei dargestellten Schemata der Kapitel 3.2 bis 3.4 willkürlich zugerechnet.

Viele Standard-Lehrbuchbeispiele lassen mit geradezu schlafwandlerischer Sicherheit im Über-Vereinfachen den Fall weg, dass für die konsistente Aufrechterhaltung einer letztlich willkürlichen Definition in dieser Analyse mindestens ein Fall existiert[1], in dem die Abweichung 2. Grades „künstlich" eingeführt werden muss, damit die ausgewiesenen Abweichungen zur Gesamtabweichung aufgehen.

Um dies exemplarisch, aber ohne Beschränkung der Allgemeinheit zu beweisen, ist das Standardbeispiel[1a] nur so zu variieren, dass

Planpreis (PP) > Istpreis (IP) und zugleich Sollmenge (SM) < Istmenge (IM) ist.

Dies gilt unter Voraussetzung der hier vorgeschlagenen Konvention, Verbrauchsabweichungen mit Planpreisen und Preisabweichungen mit Istmengen zu gewichten.

In den nachfolgenden grafischen Darstellungen werden die 4 möglichen Fälle (bei 2 Einflussfaktoren) wie folgt verglichen, wobei auf der x-Achse die Mengen, auf der y-Achse die Preise abgetragen sind.:[1b]

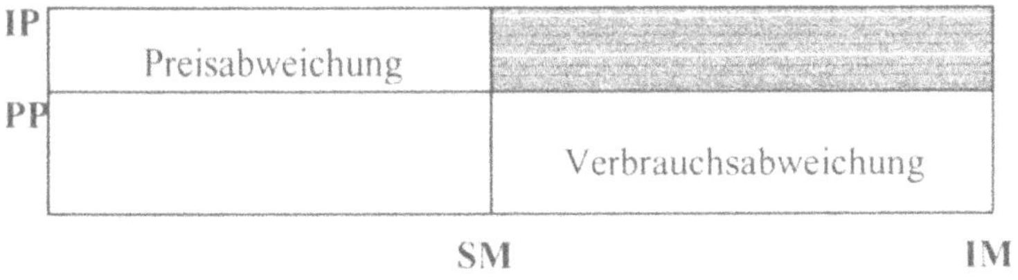

Abbildung 7: Fall I - klassischer Lehrbuchfall (pessimistisch)

Fall I:

„klassischer" Lehrbuchfall (pessimistisch) mit SM < IM und PP < IP

Preis- und Verbrauchsabweichung sind negativ; die (dunkel dargestellte) Sekundärabweichung wird der Preisabweichung zugeordnet.

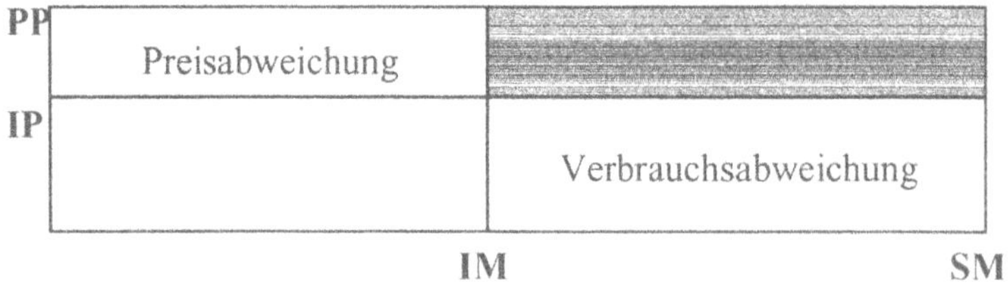

Abbildung 8: Fall II - klassischer Lehrbuchfall (optimistisch)

Fall II:

„klassischer" Lehrbuchfall (optimistisch) mit SM > IM und PP > IP

Preis- und Verbrauchsabweichung sind positiv; die (dunkel dargestellte) Sekundärabweichung wird der Verbrauchsabweichung zugeordnet.

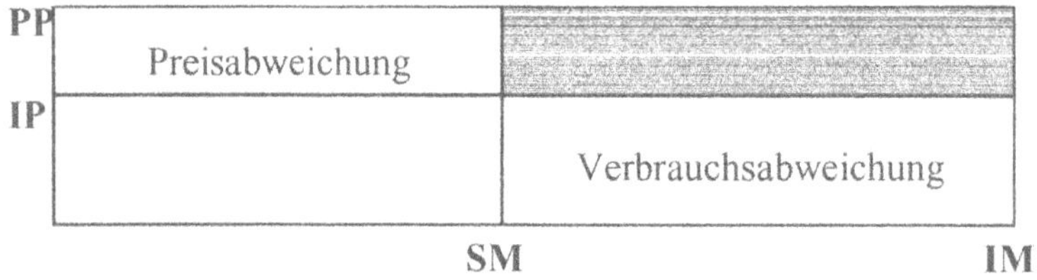

Abbildung 9: Fall III – Sekundärabweichung „erfinden"

Fall III:

Notwendigkeit, eine Sekundärabweichung zwecks Konsistenz zu „erfinden" mit SM < IM und PP > IP

Die (schraffiert dargestellte) Sekundärabweichung existiert nicht. Sollen die (hier negative) Verbrauchs- und die (hier positive) Preisabweichung mit konsistenter Definition zu den anderen 3 Fällen ausgewiesen werden, so werden sie „künstlich" um eine fiktive Sekundärabweichung erhöht.[1c]

Fall III ist also der einzige, bei dem die Einkaufsabteilung eher „zu gut", die Produktion eher „zu schlecht" bewertet wird.

IP		
	Preisabweichung	
PP		Verbrauchsabweichung
	IM	**SM**

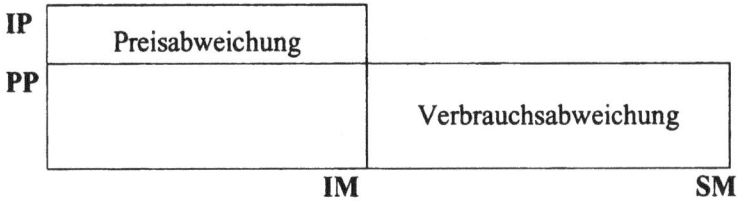

Abbildung 10: Fall IV – problemloser Fall

Fall IV:

problemloser Fall mit SM > IM und PP < IP

Es existieren eindeutig positive Verbrauchs- und negative Preisabweichung, ferner keine Sekundärabweichung.

3.2 Flexible Plankostenrechnung als Vollkostenrechnung

Beispiel[1d]:

In einem arbeitsintensiven Betrieb hängt der Output in erster Linie von den Personalkosten ab; weitere Kostenarten sind hier - ebenso wie die eben diskutierte Trennung beispielsweise in Fertigungs- und Hilfslöhne[2] - vernachlässigt.

Es gelten folgende Daten im Einkauf und der Produktion:

Kostenart:	Planmenge		Planpreis	Istmenge	Istpreis
	fix	*prop.[2a)]*			
Personalkosten:	30 h	70 h	60 €/h	92 h	66 €/h

Ferner gelten folgende Daten beim Absatz:

Erlösart:	Planmenge	Istmenge
Produkt X	1.000 St.	900 St.

Zu ermitteln sind auf der Einkauf/Produktions-Seite:

• Preisabweichung,

• Verbrauchsabweichung,

• „Beschäftigungsabweichung".

Lösungsschema:

Planmenge$_{Einkauf}$	*	Ist-Beschäftigungsgrad	*	Planpreis$_{Einkauf}$

„verrechnete Plankosten"[2b]
= 100 h * (900 St. / 1.000 St.)   * 60 €/h

= 5.400 €

$$\begin{array}{r} 5.400 \text{ €} \\ - 5.580 \text{ €} \\ \hline \underline{- 180 €} \text{ (sogenannte) „Beschäftigungsabweichung"} \end{array}$$

Sollmenge$_{Einkauf}$	*	Planpreis$_{Einkauf}$	„Sollkosten"

= [30 h + 70 h (900 St. * 60 €/h
/ 1.000 St.)]

= 5.580 DM

$$\begin{array}{r} 5.580 \text{ €} \\ - 5.520 \text{ €} \\ \hline \underline{+ 60 €} \text{ Verbrauchsabweichung} \end{array}$$

Istmenge$_{Einkauf}$	*	Planpreis$_{Einkauf}$	„Istkosten zu Planpreisen"

= 92 h   *   60 €/h
= 5.520 €

$$\begin{array}{r} 5.520 \text{ €} \\ - 6.072 \text{ €} \\ \hline \underline{552 €} \text{ Preisabweichung} \end{array}$$

Istmenge$_{Einkauf}$	*	Istpreis$_{Einkauf}$	„Istkosten"

= 92 h   *   66 €/h
= 6.072 €

Trends der Praxis - „Stand der Technik":[3]

> **(1)** *Differenzierung der Verbrauchsabweichung in weitere Komponenten*[4]

Konkret können die 60 € Einsparung wirklich auf sorgfältigem Wirtschaften der Beschäftigten in der Produktion beruhen, aber auch auf Einsatz beispielsweise besserer Arbeitsmittel, bei denen eine Stunde weniger Arbeitsaufwand ganz „normal" ist.

> **(2)** *Verzicht auf Ausweis einer Beschäftigungsabweichung in der „Grenzplankostenrechnung"* [4a]

Denn die sogenannte Beschäftigungsabweichung weist nur eine Unter- oder Überdeckung fixer Kosten aus.[4b]

Diese Über-/Unterdeckung ist fiktiv, vgl. das Vorgehen der - bei allen Vereinfachungen - realitätsnahen Break-Even-Analyse.[4c]

Nach PEPELS[4d] werden mittels Grenzplankostenrechnung nur unter folgenden Voraussetzungen die Verbrauchsabweichung korrekt ermittelt:

- Vorab wird nur mit Planpreisen (häufig in der Praxis „Verrechnungspreise" genannt) gerechnet, so dass Verzerrungen durch Preisänderungen definitionsgemäß ausgeschlossen sind.

- Bei den fixen Input-Mengen und damit nach dem 1. Schritt fixen Kosten werden Planwerte = Istwerte unterstellt.

- Die variablen Plankosten werden entsprechend dem Ist-Output auf variable Sollkosten umgerechnet.

3.3 Flexible Plankostenrechnung mit „echten Beschäftigungs-abweichungen" als partielle Innovation[4e)]

Lösungsschema:

| Planmenge$_{Einkauf}$ | * | Planpreis$_{Einkauf}$ | „Plankosten" |

= 100 h   *   60 €/h
= 6.000 €

$$\begin{array}{r} 6.000\ € \\ -\ 5.580\ € \\ \hline +\ 420\ € \end{array}$$ echte Beschäftigungsabweichung

| Sollmenge$_{Einkauf}$ | * | Planpreis$_{Einkauf}$ | „Sollkosten" |

= [30 h + 70 h * (900 St. / 1.000 St.)]   *   60 €/h
= 5.580 €

$$\begin{array}{r} 5.580\ € \\ -\ 5.520\ € \\ \hline +\ 60\ € \end{array}$$ Verbrauchsabweichung

| Istmenge$_{Einkauf}$ | * | Planpreis$_{Einkauf}$ | „Istkosten zu Planpreisen" |

= 92 h   *   60 €/h
= 5.520 €

$$\begin{array}{r} 5.520\ € \\ -\ 6.072\ € \\ \hline -\ 552\ € \end{array}$$ Preisabweichung

| Istmenge$_{Einkauf}$ | * | Istpreis$_{Einkauf}$ | „Istkosten" |

= 92 h   *   66 €/h
= 6.072 €

3.4 Praxisgerechte Plankostenrechnung mit „echten Beschäftigungsabweichungen" und Berücksichtung der Absatzsphäre

Beispiel:

Es gelten folgende Daten im Einkauf und der Produktion:

Kostenart:	Planmenge		Planpreis	Istpreis	Istmenge
	fix	prop.[2a)]			
Personalkosten:	30 h	70 h	60 €/h	92 h	66 €/h

Ferner gelten folgende Daten beim Absatz:

Erlösart:	Planmenge	Planpreis	Istmenge	Istpreis
Produkt X	1.0000 St.	10 €/St.	900 St.	11 €/St.

Zu ermitteln sind auf der *Einkauf/Produktions-Seite*:

• Preisabweichung,

• Verbrauchsabweichung,

• outputmengenbedingte[5)] Über-/Unterschreitung variabler Kosten (= „echte Beschäftigungsabweichung");

auf der *Absatz-Seite*:

• Erlösabweichung.

Lösungsschema:[6]

Kostenart:

Plankosten	=	6.000 €
echte Beschäftigungsabweichung	= + 420 €	
Sollkosten	=	5.580 €
Verbrauchsabweichung	= + 60 €	
„Istkosten zu Planpreisen"	=	5.520 €
Preisabweichung	= - 552 €	
Istkosten	=	6.072 €

Erlöse:

(Planerlös)	Planmenge $_{Absatz}$ * Planpreis $_{Absatz}$ = 1000 St. * 10 €/St.	=	10.000 €
Erlösabweichung		**= - 100 €**	
(Isterlöse)	Istmenge $_{Absatz}$ * Istpreis $_{Absatz}$ = 900 St. * 11 €/St	=	9.900 €

Vereinfachte Standard-Interpretation:

> (1) *Die Abweichungen im obigen Rechenbeispiel werden interpretiert und (im Sinne einer Verantwortung für die Aufklärung von Ursachen) typischerweise folgenden Subsystemen, d.h. „Abteilungen", „Kostenstellen(bereichen)" o.ä. zugerechnet:*

a) Die **Preisabweichung (PA)** ist mit der jeweiligen Einkaufsabteilung zu diskutieren. Üblicherweise eigenständig institutionalisiert sind die „Einkaufsabteilungen" für Personal und Geldkapital (etwa als Finanzressort). Bei Bezug auf die „Istkosten zu Planpreisen" ist die PA sinnvoll auch prozentual interpretierbar, hier: Preissteigerung um 10% (Minuszeichen, da schlecht für das Unternehmen). Dabei deuten negative Abweichungen nicht zwangsläufig auf Fehlverhalten hin; positive Abweichungen müssen nicht auf Spitzenleistungen beruhen. Beispielsweise würde eine nicht prognostizierte externe Preisentwicklung eher auf Fehleinschätzungen in der Planung als auf Fehlhandlungen einer Einkaufsabteilung hinweisen.

Analog zur oben vorgetragenen Kritik zu stark differenzierter Erlösanalyse auf der Absatzseite sollte bei der Suche nach PA-Ursachen stets auch der Zusammenhang von Mengen und Preisen (etwa in Form von Mengenrabatten) berücksichtigt werden.

b) Die **Verbrauchsabweichung (VA)** ist mit Verantwortlichen der Produktion, beispielsweise Meistern, zu besprechen. „Produktion" kann sich durchaus auf eine Dienstleistung mit externen oder - bei Prozesskostenrechnung - internen Kunden beziehen.

Bei Änderungen der Produktionsfunktion, beispielsweise wegen Planungsfehler, neuer Technologie, Veränderung bei mindestens einer Ausprägung der Produktivkräfte, lässt sie sich typischerweise durch Einführen einer Zeile „Sollkosten neu" zwischen Sollkosten und „Istkosten zu Planpreisen" nach Beeinflussbarkeit seitens der Produktion aufspalten. Die Division durch den Planpreis des entsprechenden Inputs ergibt eine mengenmäßige Interpretation, hier: Einsparung von einer Arbeitsstunde (Pluszeichen, da vorteilhaft für das Unternehmen).

Übrigens sind auch stark positive Verbrauchsabweichungen „verdächtig", da möglicherweise zu Lasten der Qualität gespart wird. Oder möchten Sie in einem Haus wohnen, das mit der Hälfte des geplanten Materials erbaut wurde!?

c) Der Saldo aus **„echter Beschäftigungsabweichung" (eBA)** und „Erlösabweichung" (EA) ist wiederum am ehesten der Abteilung Vertrieb bzw. Marketing „zuzurechnen"; im Beispiel hat die Kosteneinsparung durch „Unterbeschäftigung" (lt. eBA) den Umsatzrückgang überkompensiert, sich beispielsweise eine Hochpreisorientierung des Vertriebs gelohnt.

Die einzelnen Abweichungen sind wie folgt zu interpretieren:

• Die eBA ist stets als Einsparung, bzw. im entgegengesetzten Fall als Erhöhung, variabler Kosten (daher immer entgegengesetztes Vorzeichen der „echten" gegenüber der „sogenannten Beschäftigungsabweichung" in Kapitel 3.2, und immer gleiches Vorzeichen bzw. Null für alle betroffenen Kostenarten!), bei Division durch den Planpreis mengenmäßig interpretierbar.

• Die EA wird im hier favorisierten vereinfachtem Standardsystem bewusst nicht in Mengen- und Preiskomponente getrennt, da die Komponenten nur in Ausnahmefällen voneinander unabhängig sind.

> **(2)** *Die Zuordnung ist Ausgangs-, nicht Endpunkt des Feedbacks, da erst eine qualitative Recherche tieferliegende Ursachen(zusammenhänge) beweist bzw. widerlegt. Beispielsweise wenn die PA nicht schlechtes Verhandeln der Personal-, sondern einen auch von anderen Experten nicht erwarteten, besonders hohen Tarifabschluss anzeigen würde.*

3.5 Formelsammlung zur praxisgerechten Plankostenrechnung am Beispiel „produktbezogene Analyse der Einzelkosten und Erlöse"[6a]

Auf der Einkaufs-/Produktions = INPUT-Seite:

$\text{Planmenge}_{\text{Einkauf}}$	$=$	$\text{Planmenge}_{\text{Einkauf, fix}}$	$+$	$\text{Planmenge}_{\text{Einkauf, prop.}}$	
$\text{Planmenge}_{\text{Einkauf, prop.}}$	$=$	(Planmenge pro Mengeneinh. Endprod.)$_{\text{Einkauf, prop.}}$	$*$	$\text{Planmenge}_{\text{Absatz}}$	
Plankosten	$=$	$\text{Planmenge}_{\text{Einkauf}}$	$*$	$\text{Planpreis}_{\text{Einkauf}}$	
$\text{Sollmenge}_{\text{Einkauf}}$	$=$	$\text{Planmenge}_{\text{Einkauf, fix}}$	$+$	(Planmenge pro Mengeneinh. Endprod.)$_{\text{Einkauf, prop.}}$	$*$ $\text{Istmenge}_{\text{Absatz}}$
$\text{Sollmenge}_{\text{Einkauf}}$	$=$	$\text{Planmenge}_{\text{Einkauf, fix}}$	$+$	$\text{Planmenge}_{\text{Einkauf, prop}}$	$*$ ($\text{Istmenge}_{\text{Absatz}}$ / $\text{Planmenge}_{\text{Absatz}}$)
Sollkosten	$=$	$\text{Sollmenge}_{\text{Einkauf}}$	$*$	$\text{Planpreis}_{\text{Einkauf}}$	
„Istkosten zu Planpreisen"	$=$	$\text{Istmenge}_{\text{Einkauf}}$	$*$	$\text{Planpreis}_{\text{Einkauf}}$	
Istkosten	$=$	$\text{Istmenge}_{\text{Einkauf}}$	$*$	$\text{Istpreis}_{\text{Einkauf}}$	
outputmengenbedingte Über-/Unterschreitung variabler Kosten: (auch: „echte Beschäftigungsabweichung")	$=$	Plankosten	$-$	Sollkosten	
Verbrauchsabweichung	$=$	Sollkosten	$-$	„Istkosten zu Planpreisen"	
Preisabweichung	$=$	„Istkosten zu Planpreisen"	$-$	Istkosten	

Auf der Absatz = OUTPUT-Seite:

Planumsatz bzw. Planerlös	=	$\text{Planmenge}_{\text{Absatz}}$	*	$\text{Planpreis}_{\text{Absatz}}$
Istumsatz bzw. Isterlös	=	$\text{Istmenge}_{\text{Absatz}}$	*	$\text{Istpreis}_{\text{Absatz}}$
Erlösabweichung	=	Isterlös	-	Planerlös

Für die Gesamt-Betrachtung auf Produkt-Ebene:

Plan-Deckungsbeitrag II	=	Planerlöse	-	Plankosten
Ist-Deckungsbeitrag II	=	Isterlöse	-	Istkosten
DB II-Abweichung	=	Ist-Deckungsbeitrag II	-	Plan-Deckungsbeitrag II

Aus dem alten Stand der Technik (bei Vollkostenorientierung):

verrechnete $\text{Plankosten}_{\text{Einkauf}}$	=	Plankosten	*	$(\text{Istmenge}_{\text{Absatz}} / \text{Planmenge}_{\text{Absatz}})$
mit Ist-Beschäftigungsgrad	=	$\text{Istmenge}_{\text{Absatz}}$	/	$\text{Planmenge}_{\text{Absatz}}$
sogenannte Beschäftigungs-abweichung	=	verr. Plankosten	-	Sollkosten

Kommentar zum methodischen Vorgehen:

Da die genaue Definition der Formeln Konvention ist (im Gegensatz zu dahinterstehenden konzeptionellen Unterschieden), gehe ich willkürlich davon aus, Kosten- und Erlösabweichungen so zu definieren, dass

> + *„gut für das Unternehmen" bedeutet und,*
> - *„schlecht für das Unternehmen" bedeutet.[7]*
> **„Gut" und „schlecht" sind hier**
> **a)** *kapitalorientiert und*
> **b)** *im operativen Sinne zu verstehen.*

Unter „operativ" verstehe ich hier eine Wirkung auf unterjährige Erfolgs- oder auch Finanzkennzahlen.

Der Aufbau „weicher" Erfolgspotentiale in der Vergangenheit relativiert die Bedeutung der Plankostenrechnung genau wie die aller anderen operativen Instrumente; das Gleiche gilt für den Einfluss früherer strategischer Planung auf die aktuelle Deckungsbeitrags-Situation.[8]

3.6 Ist eine Verfeinerung des Standardsystems durch eine mathematisch orientierte Abweichungsanalyse möglich?

In der Theorie der Plankostenrechnung gibt es die Diskussion „kumulativ versus differenziert-kumulativ"[8a]. Weniger gelehrt ausgedrückt steht dahinter die Frage:

- Sollen Sekundärabweichungen, beispielsweise zugleich verursacht durch höheren Preis und höhere Menge eines Inputfaktors, den möglichen Ursachen pauschal und damit manchmal auch willkürlich, wie in der dargestellten praxisorientierten Plankostenrechnung der Preisabweichung „kumulativ", zugeordnet werden?

- Soll zuerst so weit wie möglich in reine Preis-, Verbrauchsabweichungen usw., ferner Sekundärabweichungen und solche noch höherer Ordnung, beispielsweise verursacht durch höhere Inputmenge, höheren Inputpreis und höhere Outputmenge, unterschieden („differenziert") und erst danach bei Bedarf zu Abweichungen wie in der praxisorientierten Plankostenrechnung zusammengefasst werden?

Diese Diskussion wird im folgenden kurz dargestellt, um eventuelle Differenzierungsmöglichkeiten für das Standardsystem zu suchen.

Am Beispiel der drei „gängigen" Einflußgrößen lauten die Grundformeln zum Aufspalten einer

Gesamtabweichung der Kosten:

> **(1)** *in der kumulativen Analyse:*

Gesamtabweichung	=	„Beschäftigungs-abweichung"	+	Verbrauchsabweichung	+	Preisabweichung

wobei die Teilabweichungen willkürlich zugeordnete Abweichungen höherer Ordnung enthalten (können) – denken Sie hierfür an die 4 Grafiken in Kapitel 3.1.

> **(2)** *in der differenziert-kumulativen Analyse:*

Gesamt-abweichung	=	„Beschäftigungs-abweichung"	+	Verbrauchs-abweichung	+	Preisabweichung	+	Abweichung(en) höherer Ordnung

Letztere werden gegebenenfalls nach Kriterien der Interpretierbarkeit bewusst zusammengefasst, um Fehlschlüsse zu vermeiden.

Demnach ist KLOOCKs Kritik[9] zuzustimmen, dass die kumulative Abweichungsanalyse auch Abweichungen höherer Ordnung in den ausgewiesenen Abweichungen enthält, oft ohne dies für Praktiker explizit auszuführen. Doch bleibt festzuhalten: Die im Vordergrund des vorgeschlagenen Ansatzes stehende Personal-Bewertungsdimension „Haben die Verantwortlichen richtig oder falsch für den Betrieb gehandelt?" erfordert die Definition nicht nur der *echten Beschäftigungsabweichung (eBA)*, sondern auch der *Verbrauchsabweichung (VA)* in der Weise, dass keinem Kostenverantwortlichen Ist-Entwicklungen „fremder" Kostenstellen zugewiesen werden.

Dies ist durchaus vereinbar mit dem Bezug der Verbrauchsabweichung auf Soll- statt Plankosten. Denn es ist operative Aufgabe etwa eines Meisters in der Fertigung, Outputschwankungen zu berücksichtigen, beispielsweise bei „Unterbeschäftigung" Maschinen zeitweilig abzuschalten. Dies am besten natürlich zu den Zeiten, wo es nach Industrietarif auch Preiseffekte hat, wie morgens vor 8 oder 9 Uhr, weil zu dieser Zeit die Leistungsspitze besonders hoch ist – viele Maschinen laufen gleichzeitig an! Eine hierdurch verursachte günstige Preisabweichung wäre für den Meister, nicht die Einkaufsabteilung positiv zu bewerten.

Jedoch zeigt sich, dass eine Verbrauchsabweichung[9b] sinnvoller mit den hier vorgeschlagenen Formeln zu berechnen ist.

Vorausgesetzt für die folgende Argumentation sind die üblichen PLAUTschen Grundannahmen der Grenzplankostenrechnung[10], also insbesondere die Unterstellung der fixen Plankosten als angeblich fixe Istkosten. Diese Voraussetzung ist nicht notwendig, erleichtert aber den Vergleich mit gängigen, teilweise in der Groß-EDV verwendeten Plankostenrechnungssystemen.

Rechnet man nun das bereits bekannte Beispiel aus Kapitel 3.2 - 3.4 durch, so ergibt sich bei KLOOCK eine Verbrauchsabweichung von *66,67 €* anstelle *60,00 €*, wie folgende Nebenrechnung unter Verwendung seiner Formeln[11] erweist:

reine Verbrauchs- abweichung	=	„reine einflußgrößenspezifische Produktionskoeffizientendifferenz"	*	geplante „Beschäftigungsgrösse"	*	geplanter „Einstandspreis"

= *[70 h/1000 St. - (92 h - 30 h)/900 St.] * 1000 St. * 60,00 €/h*

Die *11,11%* „zuviel" ergeben sich aus dem Verhältnis von Plan- und Ist-Output, denn *1000 St./900 St. = 1,1111.*

Hier könnte sich hier der Meister über eine sehr gute Beurteilung freuen, da sein Produktivitätsgewinn auf die geplanten 1000 Stück Output hochgerechnet wäre. Würde jedoch die Produktivität sinken, so müsste er entsprechend fluchen. Und bei Prämienlohnsystemen ergäben sich handfeste Konsequenzen in beide Richtungen!

KLOOCKs These, kumulierte Abweichungsanalyse würde lediglich eine der Abweichungen frei von fremden Einflüssen erweisen, ist innerhalb der Plautschen Gedankenwelt zwar richtig. Aber in der Praxis ist eine Gefährdung gewinnorientierter Unternehmensziele wahrscheinlich, wie folgende Überlegung am Beispiel der „Unterbeschäftigung" zeigt:

| **1. Schritt: Variation des Beispiels:** |

Es geht um eine 1.000-mal größere Kostenstelle, in der statt einer 1.000 Stunden eingespart wurden, und es wurde nur die Hälfte des geplanten Outputs hergestellt → Verzerrungsfaktor Planoutput/Istoutput = 2.

| **2. Schritt: Szenario der Ergebnisse:** |

Praxisorientierte Kostenrechnung weist eine 1.000-mal größere Verbrauchsabweichung von +60.000 € aus, KLOOCKsche Plankostenrechung eine von +120.000 €. (Bitte vollziehen Sie dies durch Einsetzen in die Formeln nach!)

| **3. Schritt: Interpretation:** |

Rein theoretisch hat KLOOCK Recht. Denn 1.000 Stunden bei 50% der „Planbeschäftigung" einzusparen ist schwerer als bei 100%. Gefährlich für die Praxis wird es dann, wenn die mengenmäßige Einbuße auf dem Absatzmarkt nicht durch deutliche Preissteigerung (über)kompensiert wird. Häufig wird es bei derart drastischer „Unterbeschäftigung" dem Unternehmen schlecht gehen – und gerade dann hat der Meister Anspruch auf eine großzügige Prämie!

Andersherum gilt bei Unterbeschäftigung gekoppelt mit schlechter Produktivität:

| **1.** *Schritt: Variation des Beispiels:* |

Es geht um eine 1.000-mal größere Kostenstelle, in der statt einer *1.000 Stunden* zu viel verbraucht wurden, und es wurde nur die Hälfte des geplanten Outputs hergestellt mit der Folge eines Verzerrungsfaktors *Planoutput/Istoutput = 2*.

| **2.** *Schritt: Szenario der Ergebnisse:* |

Praxisorientierte Kostenrechnung weist eine Verbrauchsabweichung von -*60.000 €* aus, KLOOCKsche Plankostenrechnung, dagegen eine von *-120.000 €*.

| **3.** *Schritt: Interpretation:* |

Rein theoretisch hat KLOOCK Recht. Denn 1.000 Stunden bei 50% der „Planbeschäftigung" zu „verschwenden" ist schlimmer als bei 100%. Das Unternehmen ist auch froh, einen Teil des Verlusts über Prämienkürzung, beispielsweise einer Jahresprämie, abzuwälzen, aber der Meister wird zu Recht geltend machen, für mehr bestraft zu werden, als tatsächlich passiert ist. Im Hinblick auf die Motivation ist dies eine schlechte Voraussetzung, um ungünstige Situationen in der nächsten Zeit zu überwinden.

Analog ließe sich auch der Fall der „Überbeschäftigung" analysieren, in dem Prämie bzw. „Strafe" relativ niedrig ausfielen.

Zurück zum ursprünglichen Beispiel:

Würde man in KLOOCKs Formel statt der geplanten *1.000 Stück* die tatsächlich produzierten *900 Stück* einsetzen, so ergäben sich wieder die auch nach flexibler Plankostenrechnung auf Vollkostenbasis und Grenzplankostenrechnung übereinstimmenden *+60 € Verbrauchsabweichung*.

Da je nach „Beschäftigungs"-Schwankung die Abweichungen zwischen Kloock-Formel und den anderen Entwicklungslinien der Plankostenrechnung beträchtlich sein können, möchte ich ein weiteres, unabhängig von der Entlohnungsform gültiges Argument für die Berechnung der VA unter Verwendung von Sollkosten und damit der Ist-„Beschäftigung" skizzieren.

Wird konkret zwischen einem mittel- und einem kurzfristigen Zeithorizont unterschieden, so plant

- die Controllingabteilung beispielsweise jährlich „Beschäftigung" und Kosten,

- die Produktionsabteilung beispielsweise pro Fertigungslos und/oder wöchentlich Kosten unter Berücksichtigung des zu erstellenden Outputs.

Und daraus ergeben sich als „Messlatte" der Beurteilung einer Produktionsabteilung eben Soll-[12], nicht Plankosten.

Die Hochrechnung von der üblichen *Verbrauchsabweichung - VA* (hier: *60,00 €*) auf die jeweilige Plan-„Beschäftigung" (hier: *66,67 €*) würde also eine tatsächlich erzielte Einsparung bzw. festgestellte Verschwendung umgekehrt proportional zum Ist-Beschäftigungsgrad verzerren.

Kapitel 4

Zur Begründung und Methodik einer „praxisgerechten Plankostenrechnung"

4.1 Inhaltliche Diskussion

Plan- und Teilkostenrechnung wurden in den letzten Jahrzehnten[1] vorwiegend im Transfer des Bekannten auf konkrete betriebliche Situationen und insbesondere auf EDV-Systeme weiterentwickelt.

Vereinzelt erfolgte gegenüber dem in der Literatur dokumentierten Stand der Wissenschaft[2]

- eine *theoretische Präzisierung*, beispielsweise die Verwendung des Begriffs von einer Entscheidung abhängiger „relevanter" Kosten in der Deckungsbeitragsrechnung, weshalb man nun u.a. Fixkosten danach unterscheidet, wie schnell sie abbaubar sind [3] (Zeitabhängigkeit);

- eine *Erweiterung zu erklärender Phänomene*, beispielsweise auch der Erlösseite[4], bzw. Ursachen(hypothesen);

- *Erweiterung der Controlling-Objekte auf die Planung selbst*: man versucht, nicht nur Handlungen in den realen Prozessen wie Beschaffung, Produktion, Absatz zu beurteilen, sondern auch die Qualität der Planung selbst[5];

- die *Einführung realitätsnäherer Annahmen:* beispielsweise sind variable Kosten nicht naturgesetzlich proportional, sondern ein linearer Kostenverlauf wird meist – nicht immer! - näherungsweise unterstellt[6].

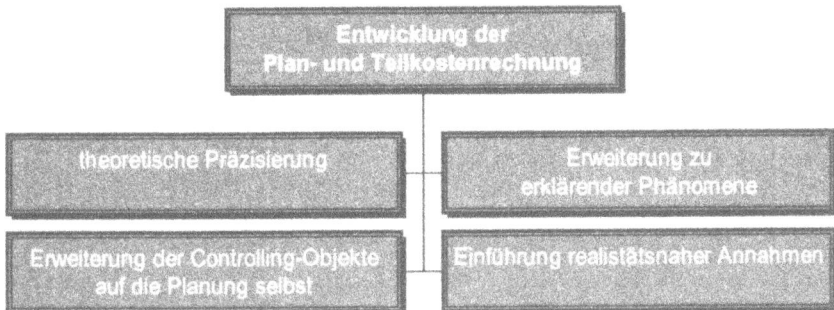

Abbildung 11: Entwicklung der Plan- und Teilkostenrechnung

Viel Energie wurde auf die EDV-Implementation sowohl traditioneller (beispielsweise Kalkulation), als auch entscheidungs- und controllingorientierter Kostenrechnungsmethoden (beispielsweise Grenzplankostenrechnung) verwandt. Dabei sind von den Marktführern Plaut und SAP die zahlreichen Publikationen des erstgenannten bemerkenswert[7].

Praxisprojekte in der Industrie lassen an Flexibilität und insbesondere theoretischer Fundierung der auf Groß-EDV bezogenen Modelle zweifeln[8]. EDV-orientierte Kostenrechnung erweist sich in vielen Fällen als an Bilanzierungs-, nicht an Entscheidungszwecken orientierte[9] Kunstlehre[10].

In Konkurrenz zur Groß-EDV trat PC-gestützte Kostenrechnung[11], die zwar nicht den hohen Integrationsgrad einer MÜLLERschen „prozesskonformen Grenzplankostenrechnung" zum Computer Integrated Manufacturing erzielt, dafür aber für die jeweiligen Entscheidungs- und Controlling-Zwecke geeignete Insellösungen unterstützt. Es entstanden neue Paradigmata (= Musterbeispiele, die mindestens eine bisher selbst verständliche Annahme verändern) wie die Prozesskostenrechnung[12]. Diese ist üblicherweise als Vollkostenrechnung konzipiert und beantwortet Fragen wie: „Wieviel kostet uns ein Geschäftsbrief, also nicht nur Papier, Tinte/Toner und Porto, sondern auch anteilige Gehälter, AfA usw."[13] Hierauf wird in Kapitel 6 ausführlich eingegangen.

Nur sehr vereinzelt wurden in der Grundlagenforschung die oft praxisfernen Annahmen des zu Lehrbüchern und Standard-Prüfungsstoff „verfestigten" Standes der Technik im Detail kritisiert[14] und durch realistischere Tabellenstrukturen[15] sowie durch Integration betriebswirtschaftlicher und ökologischer Kriterien[16] auf neue Grundlagen gestellt. Von Seiten der Forschung wird zuweilen Plankostenrechnung in ihren gewachsenen Ausprägungen als Spezialfall allgemeinerer kostentheoretischer Systeme interpretiert.[17]

Der bisher teils praxisferne, teils schlichtweg falsche „Stand der Technik" erfordert aus den oben genannten Gründen eine grundsätzliche Neuorientierung der Plan- und Teilkostenrechnung anhand folgender Kriterien[18]:

- *Abbau kostentheoretischer* (in der Literatur teilweise nicht explizit gekennzeichneter) *Dogmen* als Bestandteil des „Axiomensystems" des kostenrechnerischen Instrumentariums,

- statt dessen *Reform* zu einem auf empirisch erhebbaren Informationen beruhenden System[19],

- das *bewährte Methoden* auch aus der Arbeitsvorbereitung[20] sowie die prinzipielle Ergänzung bestehender Systeme durch RIETHMÜLLERs mehrdimensionale Deckungsbeitragsrechnung[21] zu einem handlungsorientierten Instrumentarium (also für Controlling-Zwecke) integriert

- und die kostentheoretische Dimension - anders als die gängige Praxis der „Grenzplankostenrechnung"[22] - berücksichtigt.

Der handlungsorientierte Anspruch beinhaltet insbesondere

- den *Aufbau einer Tabellenkalkulation* mit Formularen für wahlweise manuelle oder EDV-gestützte Berechnung (s. die Formulare im Kapitel 11) sowie

- die *didaktisch-methodische Optimierung* insbesondere durch Einbau des Feedbacks von Studierenden und Praktikern[23].

Das in Kapitel 3.4 vorgelegte Ergebnis ist ein unmittelbar in der Praxis einsetzbares Modell auf wissenschaftstheoretisch begründeter Basis[24], also Rechnungswesen als Wissenschaft, nicht nur als „Kunstlehre".[25]

Das an Formeln (vgl. Kapitel 3.5) und Zahlenbeispielen, besonders in den zahlreichen Aufgaben, dargestellte Vorgehen der von mir so bezeichneten praxisgerechten Plankostenrechnung bringt also die verschiedenen „Bausteine" zu einer Synopse:

(1) Plankostenrechnung mit „echter Beschäftigungsabweichung"[26]

(2) mit integriertem Einbezug der Absatzsphäre[27],

(3) Option auf zweidimensionale Deckungsbeitragsrechnung [28] und

(4) EDV-Orientierung im Interesse praktikabler Kostenrechnung.

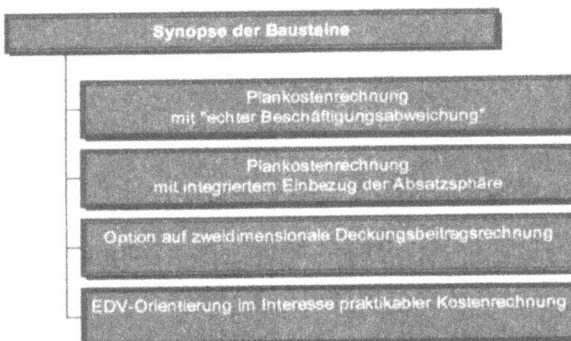

Abbildung 12: Synopse der Bausteine

4.2 Methodische Diskussion

Wenn hier die „kumulative" Abweichungsanalyse[29] gegenüber „differenzierten" Varianten mit getrenntem Ausweis von Abweichungen höherer Ordnung[30] bevorzugt wird, hat dies

(a) den pragmatischen Grund, ein für Entscheidungsträger verständliches Verfahren bereitzustellen[31], aber auch

(b) die prinzipielle Forderung nach Konsistenz von Systemen des Rechnungswesens bzw. Controlling.

WILMS stellt einen sehr umfangreichen Katalog von Anforderungen für eine Plankostenrechnung auf. Dieser lässt sich auf folgende, im weiteren Verlauf seiner Argumentation tatsächlich auch inhaltlich angewandten Kriterien[32] reduzieren:

(a) *„Vollständigkeit"* im Sinne eines „Aufgehens" zur Gesamtabweichung;

(b) *„Invarianz"* (= Reihenfolge-Unabhängigkeit, H.W.) der ausgewiesenen Teilabweichungen;

(c) *„Bezugsbasenbezogenheit"*, d.h.: „Die Abweichungsanalyse soll für jede untersuchte Kosteneinflußgröße eine Abweichung erster Ordnung, entsprechend der Bezugsbasis, liefern.";

(d) *„Koordinationsfähigkeit"*, die sich insbesondere in der Einteilung nach Kontrollierbarkeit äußert;

(e) *Interpretationsfähigkeit* inklusive psychologischer Kriterien wie Benutzerbezug.

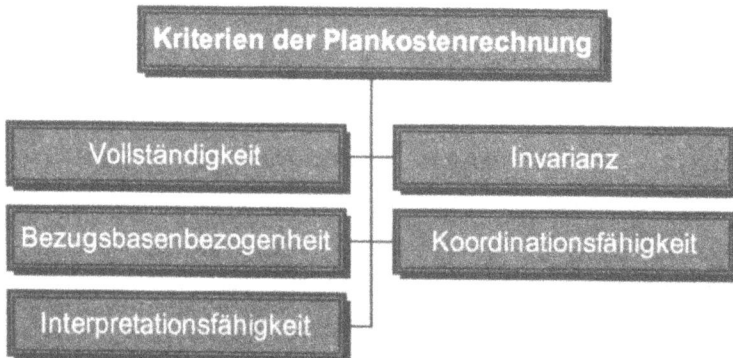

Abbildung 13: Kriterien der Plankostenrechnung

Der Dissens von Theoretikern wie KLOOCK und WILMS zu den bisher in Unternehmen im Vordergrund stehenden Ansätzen im Sinne von PLAUT und praxisgerechter Plankostenrechnung besteht in Punkt **b)**. Hingegen stellen **a)**, **d)**, **e)** für keines der Systeme ein Problem dar. Das Kriterium **c)** kann grundsätzlich über Nebenrechnungen erfüllt werden.

Dafür fehlt bei WILMS das **Konsistenzkriterium**:

Der Beurteilungsmassstab für Entscheidungsträger soll zu verschiedenen Zeiten in seiner Struktur, natürlich nicht in den konkreten Zahlenwerten, gleich bleiben. Beispielsweise soll ein Meister der Produktion anhand von Verbrauchsabweichungen mit Gewichtung entweder durch Plan- oder durch Istpreise der Inputfaktoren beurteilt werden.[32a)]

Selbstverständlich kann und soll die Willkür der Gewichtung mengenmäßiger Abweichungen eines Einflussfaktors mit Ausprägungen der restlichen Einflussfaktoren durch differenzierten Ausweis der „Bausteine" des letztlich ermittelten Indikators zur (zunächst) feedback-Kontrolle von Verantwortungsbereichen transparent gemacht werden [33)].

Wird in den vier prinzipiellen Bildern des Kapitels 3.1 eine (wie dargestellt zuweilen auch extra „erfundene") Sekundärabweichung willkürlich einem bestimmten Einflussfaktor zugeordnet (geometrisch ausgedrückt: werden entsprechende Rechtecksflächen addiert oder subtrahiert), so sollte dies für alle Beteiligten klar gestellt sein.

Wenn geklärt ist, ob errechnete Abweichungen für Simulation von Szenarios über „WAS WÄRE WENN?"[33a)] oder zur Bewertung von Entscheidungsqualität eingesetzt werden [34)], so dürfen Entscheidungsträger wohl Konsistenz erwarten.

Konsistenz bedeutet konkret, dass

ad (1)   ein Szenario - ohne Bewertung der Verantwortlichkeit - durch eine Variation genau der in der Entscheidungssituation beeinflussbaren Faktoren bei Konstanz der andren Faktoren auf Istniveau,

ad (2)   der Bewertungsmassstab unter (nach KLOOCK völliger, pragmatisch gesehen möglichst weitgehender) Ausschaltung von Istwerten der nicht zu verantwortenden Faktoren ermittelt wird.

Die von WILMS entwickelte „Min-Form"[35)] ermittelt nach dem Motto „Lieber gesund und reich als arm und krank" eine „Minimalkostenkombination" aus Plan- und Istwerten[36)]. Die Min-Form erfüllt zwar alle formalen Kriterien außer Konsistenz ausgezeichnet[37)] und weist als einziges der untersuchten Verfahren alle Sekundärabweichungen getrennt von denen 1. Ordnung aus. Letztlich würde aber der Wilms'sche Ansatz die Ökonomie als angewandte durch Mathematik als abstrakte Wissenschaft ersetzen.

Denn das Ignorieren realer Zusammenhänge, etwa bei der Substitution zwischen Personal, Material, Energie usw., führt zu einer extrem engen und eben für reale Entscheidungen irrelevanten Definition der Abweichungen 1. Ordnung.

In vielen Fällen kann man nicht zugleich maximale Material- und Arbeitszeiteinsparung erzielen. Wenn beispielsweise letztere durch Outsourcing erzielt wird, stecken tendenziell höhere Kosten im nun stärker fremdbezogenen Material als zuvor.

Außerdem:
Was sollte beispielsweise der für eine Kostenstelle verantwortliche Meister von einer Verbrauchsabweichung halten, die etwa Materialmengendifferenzen mit Planpreisen, Lohnstundendifferenzen mit Istpreisen bewertet? Von der „Aussagekraft" der Summe als Indikator für das Wirtschaften dieser Kostenstelle ganz zu schweigen ...

Da inhaltliche Analyse praxisorientierter Plankostenrechnung, nicht nur in der vorgelegten Form, sondern auch nach dem Stand der Technik von flexibler Plankostenrechnung auf Vollkostenbasis und Grenzplankostenrechnung, die „kumulative", die formale Analyse bei KLOOCK die „differenziert-kumulative" Abweichungsanalyse als bestgeeignet[38] erweist, ist der Widerspruch auflösbar.

Wenn aus Gründen der Akzeptanz an Darstellungen festgehalten wird[39], welche die Gesamtabweichung vollständig aufspalten (Bestandteil des Kriterienkatalogs bei WILMS und KLOOCK), dann ist für Bewertungszwecke kumulative Abweichungsanalyse unvermeidlich und definitionsgemäß aus der differenziert-kumulativen Variante ableitbar.

Insofern erweist sich das differenziert-kumulative System als der allgemeinere, das kumulative als ein Spezialfall für pragmatische Bewertungszwecke.[40]

> *Eine Synthese der Ansätze ist möglich, indem kleinste Abweichungs-„Bausteine" entsprechend differenziert-kumulativer Methodik im Sinne von WILMS errechnet und für pragmatische Zwecke zu grösseren, an Handlungsbewertung orientierten Abweichungen zusammengefügt werden.*

Wie dies konkret aussieht, zeigt das folgende, wegen ausschließlich variabler Kosten übersichtliche Beispiel der Abweichungsanalyse für Fertigungsmaterial:

Geplant waren: **Tatsächlich** benötigt wurden:

- 1.000 kg Fertigungsmaterial   - 1.320 kg Fertigungsmaterial
- zur Erstellung von 500 Stück Output - zur Erstellung von 600 Stück Output
- bei einem Input-Preis von 3 €/kg.   - bei einem Input-Preis von 4 €/kg.

In der Min-Form ergeben sich zunächst 3 „reine" Abweichungen 1. Grades wie folgt:

echte Beschäftigungsabweichung

(Plan-Output – Ist-Output) *
* *min [(Ist-Input/Ist-Output); (Plan-Input/Plan-Output)] * min (Ist-Input-Preis;*
Plan-Input-Preis)

= - 100 Stück * min[(1.320 kg/600 St.);(1.000 kg/500 St.)] * min (4 €/kg;
3 €/kg)
= - 100 Stück * 2 kg/St. * 3 €/kg
= - 600 €

Verbrauchsabweichung

[(Plan-Input/Plan-Output) – (Ist-Input/Ist-Output)] *
* *min (Ist-Output; Plan-Output) * min (Ist-Input-Preis; Plan-Input-Preis)*

= [(1.000 kg/500 St.) – (1.320 kg/600 St.)] * min (600 St.; 500 St.) * min (4 €/kg;
3 €/kg)
= (-0,2 kg/St.) * 500 St. * 3 €/kg
= - 300 €

Preisabweichung

(Plan-Input-Preis – Ist-Input-Preis) *
* *min (Ist-Output; Plan-Output) * min [(Ist-Input/Ist-Output); (Plan-Input/Plan-Output)]*

= (3 €/kg – 4 €/kg) * min (600 St.; 500 St.) * min[(1.320 kg/600 St.);(1.000 kg/500 St.)]
= (- 1 €/kg) * 500 St. * 2 kg/St.
= - 1.000 €

Zwischenergebnis:

Sofern die entsprechenden Abteilungen tatsächlich Einfluss auf die jeweiligen Istgrössen ausüben konnten, sind „ohne Wenn und Aber" mindestens verantwortlich

- der Vertrieb für Mehrkosten von 600 € (diese müssen also durch entsprechende Erlösabweichung gedeckt werden, damit sich die höhere Istproduktion lohnt!),

- die Produktion für Mehrkosten von 300 € wegen 10% zu hohen Materialverbrauchs,

- der Einkauf für Mehrkosten von 1.000 € wegen 33,33% Preissteigerung.

Achtung! Die Abweichungen gehen noch nicht auf.

Ihre Summe beträgt – **1.900 €**.

Dagegen erhalten wir die gesamte Kostenabweichung:

| Kostenabweichung | = | Plankosten | – | Istkosten |

= 1.000 kg * 3 €/kg – 1.320 kg * 4 €/kg
= 3.000 € – 5.280 €
= **– 2.280 €.**

Die „fehlenden" *380 € Mehrkosten* stecken in den folgenden drei Abweichungen 2. Grades (d.h. von 2 Ursachen gemeinsam beeinflusster Kostenänderung) und einer Abweichung 3. Grades (d.h. der von allen 3 Ursachen gemeinsam beeinflussten Kostenänderung) - zur Interpretation siehe unten:

| *Beschäftigungs- und Verbrauchs-Abweichung* |

*(Plan-Output – Ist-Output) ***
*** min [(Plan-Input/Plan-Output) – (Ist-Input/Ist-Output] * min (Ist-Input-Preis;*
Plan-Input-Preis)
= (– 100 Stück) * (– 0,2 kg/St.) * 3 €/kg
= **+ 60 €**

Beschäftigungs-und-Preis-Abweichung

(Plan-Output – Ist-Output) *
* *(Plan-Input-Preis – Ist-Input-Preis)* * *min* *[(Ist-Input/Ist-Output); (Plan-Input/Plan-Output)]*

= (- 100 Stück) * (- 1 €/kg) * 2 kg/St.
= + 200 €

Verbrauchs-und-Preis-Abweichung

[(Plan-Input/Plan-Output) – (Ist-Input/Ist-Output)] *
* *(Plan-Input-Preis – Ist-Input-Preis)* * min (Ist-Output; Plan-Output)*

= (- 0,2 kg/St.) * (- 1 €/kg) * 500 St.
= + 100 €

Abweichung 3. Grades

(Plan-Output – Ist-Output) *
* *[(Plan-Input/Plan-Output) – (Ist-Input/Ist-Output)]* * (Plan-Input-Preis – Ist-Input-Preis)*

= (- 100 Stück) * (- 0,2 kg/St.) * (- 1 €/kg)
= - 20 €

Interpretation:

Kehrt man – der inhaltlichen Interpretation entsprechend[41] – das Vorzeichen der Abweichungen 2. Grades um, so wird ersichtlich, dass beispielsweise mindestens 100 € Mehrkosten auf dem Zusammenspiel von zu hohem Verbrauch und zu teurem Einkauf beruhen. Ferner wurden 20 € Mehrkosten (hier wieder keine Vorzeichenumkehr!) sogar durch alle drei Faktoren gemeinsam hervorgerufen.

Sobald Fixkosten auftreten, ist auch deren Preisabweichung zu berücksichtigen.

Kritische Würdigung:

Dominieren eine oder sehr wenige Kostenarten, so besteht der Vorteil der Min-Form darin,

- im negativen Fall keine rechentechnischen Ausreden zuzulassen, da die Abweichungen 1. Grades sozusagen zugunsten des Angeklagten kalkuliert sind,

- im positiven Falle etwa bei Prämien-Lohnformen die Prämie eher vorsichtig auszuweisen (was, wenn Entlohnung zur Motivation eingesetzt wird, nicht zu Begeisterungsstürmen führt ...).

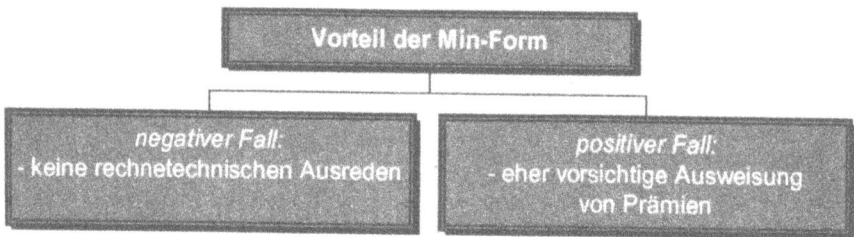

Abbildung 14: Vorteile der Min-Form

Sind viele Kostenarten zu berücksichtigen, so wird aufgrund der oben genannten Argumente wie Existenz von Substitutionsbeziehungen das Wilms'sche System gegenüber dem im letzten Teil dieses Lehrbuchs dokumentierten schnell unübersichtlich. Der Computer kann die Min-Form wohl rechnen, aber sehr nachteilige Folgen ergeben sich, wenn der Mensch ein Vorzeichen falsch interpretiert.

Hinzu kommt eine steigende Komplexität bei steigender Zahl berücksichtigter Faktoren. Ergänzt man die gängigen Einflussfaktoren Output („Beschäftigung"), Verbrauch im Produktionsprozess und Input-Preis - beispielsweise um technologische Veränderung der Produktionsfunktion, so führt das in unserem Standardsystem STRELAPLAN zu einer Aufspaltung der Verbrauchsabweichung in die Faktoren „Technologie-Änderung" und „tatsächliche Ersparnis bzw. Verschwendung". In den Formularen ist dies, da die konkrete Änderung auch in Inputqualitäten, Arbeitsintensität u.a. begründet sein kann, durch die eingefügte Spalte „Sonderauswertung" berücksichtigt.

In der Min-Form ergeben sich dann aber
4 Abweichungen 1. Grades,
6 Abweichungen 2. Grades,
3 Abweichungen 3. Grades und
1 Abweichung 4. Grades.

Viel Spaß beim Rechnen; und sollten Sie Statistik mögen, können Sie mit den kombinatorischen Formeln ausrechnen, wie viele Bausteine es bei 5 und mehr Einflussfaktoren werden.

Rechnerische „Brücke" zur praxisorientierten Plankostenrechnung:

Ein Durchrechnen des Beispiels mit den Formeln des 3. Kapitels ergibt die gängigen drei Abweichungsarten, die sich aus Wilms' Bausteinen zusammenfügen lassen wie folgt:

Wilms' Bausteine	Abweichung(en)		
	1. Grades	*2. Grades*	*3. Grades*
Echte Beschäftigungsabweichung			
= Plankosten – Sollkosten = 1.000 kg * 3 €/kg – [1.000 kg * (600 St./500 St.) * 3 €/kg] = 3.000 € – 3.600 € =	-600€		
Verbrauchsabweichung			
= Sollkosten – „Istkosten zu Planpreisen" = [1.000 kg * (600 St./500 St.) * 3 €/kg] – 1.320 kg * 3 €/kg = 3.600 € – 3.960 € =	-300€	-60€	
Preisabweichung			
= „Istkosten zu Planpreisen" – Istkosten = 1.320 kg * 3 €/kg – 1.320 kg * 4 €/kg = 3.960 € – 5.280 € =	-1.000€ - (200+100) € - 20€		

Bei der Verbrauchsabweichung wurde dies Verfahren oben begründet:
der/die Produktionsverantwortliche soll bei gegebenem, also Ist-Output vernünftig wirtschaften.

Bei der Preisabweichung ist sicher die Aussagekraft der „bunten Mischung" aus 4 verschiedenen Teil-Abweichungen geringer. Hier mag eine Tabelle wie die vorgestellte klar machen, dass ein großer Teil der Verantwortung für die Mehrkosten wohl wirklich beim Einkauf liegt. In materialintensiven Branchen kann es deshalb sinnvoll sein, einen Teil der Abweichungen höheren Grades definitionsgemäß von der Preis- zur Verbrauchsabweichung zu verschieben[42].

PraktikerInnen steht es ferner als „Kompromiss" der Systeme frei, bei langfristig gravierenden Trends weg von ursprünglichen Planpreisen des Inputs die Verbrauchsabweichungen dadurch realistischer zu berechnen, dass Planpreise vorzeitig revidiert oder zusätzlich zu den vorgeschlagenen Formeln des Kapitel 3.5 Verbrauchsabweichungen à la KLOOCK mit Gewichtung durch Istpreise ausgewiesen werden.

Eine Asymmetrie zwischen Ärger und Freude wird sich dabei nicht vermeiden lassen:

• Erhält ein Fahrer für spritsparende Fahrweise bei steigendem Benzinpreis unerwartet hohe Prämien, so wird er mit dem Abweichen vom ursprünglichen Bewertungsmassstab einverstanden sein.

• Hat er dagegen bei gleicher Preistendenz zu viel verbraucht, so wird er wohl darauf pochen, dass er ja die Ökosteuer bzw. den schwachen Euro und Ähnliches nicht zu vertreten hat.

Aber auch die **WILMS´sche Methodik** erscheint aus konzeptionellen Gründen letztlich **nicht praxistauglich:**

1. Sobald fixe Mengen von Inputfaktoren auftreten, müssen diese zwecks Konsistenz auch bei WILMS – der Tradition einer Grenzplankostenrechnung folgend – als konstant unterstellt werden (Annahme Plan = Ist). Bei Preisänderungen der Inputfaktoren ist eine **zusätzliche Preisabweichung der fixen Inputmenge** zu berücksichtigen. Dieses Problem ist also **grundsätzlich lösbar.**

2. Das – ggf. um diese Preisabweichung ergänzte – Schema von S. 77 geht aber nur ohne Differenzen auf, wenn sich **alle** Einflussgrößen (also „Beschäftigung", Verbrauchskoeffizient der variablen Mengen und Preis des Inputfaktors) für das Unternehmen **entweder** günstig **oder** ungünstig entwickeln. In Fällen wie „Verbrauch steigt, Preis sinkt" oder umgekehrt müssen WILMS´sche Bausteine teils bewusst doppelt verbucht, teils weggelassen werden. Das ist bei den 3 üblichen Einflussgrößen noch machbar. Doch die Übersicht geht wohl völlig verloren, wenn weitere Einflüsse wie Technologie oder Materialqualität berücksichtigt werden sollen.

Kapitel 5

Ausblick: Entwicklungslinien einer praxisgerechten Plankostenrechnung

Jede konzeptionelle Innovation im Rechnungswesen benötigt für ihre Realisierbarkeit in größeren Unternehmen den Nachweis, auch auf EDV implementiert (oder zumindest implementierbar) zu sein.

Dieser Nachweis wird für den hier vorgestellten praxisorientierten Ansatz über das auf EXCEL orientierte vereinfachte Standardsystem „STRELAPLAN" geführt, das auch manuell verwendbare Formulare bereitstellt (vgl. Kapitel 11).

Bisherige Testläufe in Hochschule und Praxis erweisen das System als effizient für die Lösung folgender Aufgaben:

(1) **Planung und Kontrolle auf Produktebene** inklusive der Sonderauswertungen im Produktionsbereich (Aufteilung der Verbrauchsabweichung im weitesten Sinne etwa bei verändertem Verfahren auf Verfahrens- und Verbrauchsabweichung im engeren Sinne)[1].

(2) **Weiterentwicklung der Prozesskostenrechnung** von im rechentechnischen Ansatz (nicht der vorausgesetzten qualitativen Organisationsanalyse) primitiver Vollkostenkalkulation zum Controlling-Instrument. Dieses eignet sich insbesondere zur Fundierung von Outsourcing-/Insourcing-Entscheidungen mit

- der Summe (Erlösabweichung + echte Beschäftigungsabweichung) als Indikator für kurzfristiges in/outsourcing bei „Beschäftigungs"-Schwankungen.

- dem Plan-Deckungsbeitrag II als - bei Einbezug auch kalkulatorischer Zinsen und AfA - Indikator für langfristig wirksame Entscheidungen.

(3) Statt der üblichen Kennzahlen als Beziehungszahlen **Konstruktion von realistischeren Kennzahlen** mit Sollkostencharakter bis hin zur Unterstützung von Entwicklungen wie Öko-Controlling, das leider bislang im Kennzahlensystem von derselben Kunstlehre ausgeht wie herkömmliches Controlling[2].

(4) Einbezug der **zwei- (oder im Prinzip auch mehr-)dimensionalen Deckungsbeitragsrechnung** nach RIETHMÜLLER.

(5) Erweiterung der Kontrolle im Sinne von Beurteilung der Entscheidungsqualität um die Dimension der **„Was wäre, wenn"-Simulation** (in EXCEL über Speichern von Szenarien)[3].

(6) Im EDV-System bisher nur auf der Ebene der Demonstration gelöst ist das Problem der **Analyse variabler Gemeinkosten**, bei denen die Beziehung zwischen Gesamtkostenhöhe und Outputmengen sich deutlicher ausprägt als zwischen Kostenhöhe und Prozessmengen von cost drivers. Ob herkömmlicher Gemeinkosten- oder cost-driver-Bezug realistischer ist, lässt sich etwa am Bestimmtheitsmaß bzw. Korrelationskoeffizienten entsprechender Regressionsfunktionen quantifizieren.[4]

(7) Künftig wird die Anwendung des **relationalen Datenbankkonzepts**[5] nötig sein, um die völlig irreale Begrenzung auf zwei Produkte in der „Demoversion" und ein „Ausufern" des Formulars bei realistisch hoher Produktzahl zu überwinden.[6]

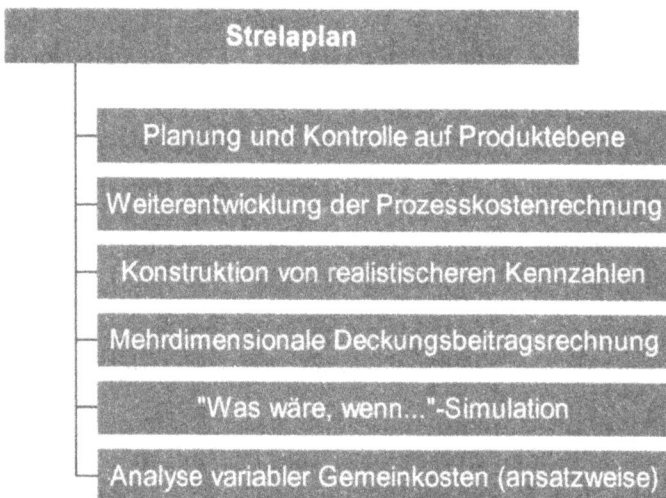

*Abbildung 15: Aufgaben, die durch „Strelaplan"
gelöst werden können*

FAZIT:

Praxisorientierte Plankostenrechnung basiert insbesondere auf den Ansätzen von

---

WILMS[7]

Stärke: Differenzierung und formale Stringenz;

Schwächen: Vernachlässigung der zahlreichen Fälle mit fixen Kosten und Unübersichtlichkeit der Abweichungsanalyse

---

und

HAAS

Stärken: Benutzeradäquanz der Darstellung und Integration in einen Gesamtplan des Unternehmens, allerdings bei bislang fehlender Implementation komplexerer Abweichungsanalysen

---

Dabei zeigt die Methodik praxisorientierter Plankostenrechnung folgende Stärken und Schwächen:

Stärken:	Schwächen :
+ Integration von Produktions- und Absatzsphäre sowie der Plankostenrechnung mit verschiedenen weiteren Instrumenten sowie + explizite Berücksichtigung von Fixkosten ohne "kühne" Annahmen.	– in der <u>derzeitigen</u> EDV-Version vor allem die Behandlung der Gemeinkosten bei steigender Zahl von Kostenträgern; – theoretisch unschön, aber <u>praktisch</u> zweckmässig: das Akzeptieren der kumulativen Abweichungsanalyse als „Faustregel".

Kapitel 6

Plankostenrechnung als Instrument einer präzisierten Prozesskostenrechnung

6.1 Definition der Prozesskostenrechnung

Zunächst sei kurz definiert, was diesen Kostenrechnungsansatz von seinen Vorläufern unterscheidet:[1]

Die bislang vorherrschende Fragestellung war:

> „Was kostet eine Einheit eines an den externen Kunden zu liefernden (Vorkalkulation) bzw. gelieferten Produkts (Nachkalkulation)?"

An ihre betriebsinterne Stelle setzt die Prozesskostenrechnung (PKR) die Problemstellung:

> „Was kostet uns ein interner Produktions- oder Dienstleistungsprozess?
> Beispielsweise
> **a)** ein Geschäftsbrief (in der Verwaltung),
> **b)** ein Kundenbesuch (im Vertrieb),
> **c)** ein Rüstprozess (in der Fertigung) usw.?"

Passend zur wachsenden Bedeutung des Qualitätsmanagements[2] wird also nicht nur die Leistung an externe Kunden, sondern auch an interne „Kunden" kalkuliert[3]. Dies entspricht auch dem Gedanken des „profit centers".

6.2 Stand der Theorie

Die in der Industrie verbreitete Kalkulation mit Maschinenstundensätzen stellt eine Brücke zwischen traditioneller Kalkulation und Prozesskostenrechnung dar[4].

Diese Entwicklung lässt sich wie folgt erklären:

Noch bis in die Nachkriegszeit stellten die über Zuschläge verrechneten Gemeinkosten nur einen relativ kleinen Teil der Kosten dar. „Verrechnet" ist durchaus doppeldeutig zu verstehen: Diese Kosten werden oft peinlich genau zugerechnet; aber wer das Kalkulationsergebnis zu ernst nimmt, hat sich leicht verrechnet. „Jedes Kalkulationsschema ist ein Rechenwerk, dessen Inputs nur im Ausnahmefall die Wirklichkeit widerspiegeln."[5]

Steigende Gemeinkostenanteile führten zu Zuschlagsätzen von mehreren 100 %, zum Teil sogar über 1000%.

Folge:
Fehler in der Zeitaufschreibung bzw. bei Materialentnahmescheinen und/oder Zufallseinflüsse wurden in der Kalkulation wie mit der Lupe vergrössert.[6]

Die Maschinenstundensatzrechnung konnte einen größeren Teil der Kosten verursachungsgerechter zuordnen, da die Maschinenkosten besonders im fixen Bereich wie Abschreibung und Zins oft höher liegen als die klassischen Einzelkosten für Personal und Material. Aber gerade der fixe Teil zeigt, dass der Anspruch „verursachungsgerecht" nur für Produktarten zutrifft. Es werden also aus den Gemeinkosten nach traditioneller Kostenrechnung die Einzelkosten der Maschine für Betriebsbereitschaft und Nutzungszeit ausgegliedert. PKR beantwortet demnach gemäss ihrem derzeitigen Entwicklungsstand nicht die Frage nach gewinnoptimalen Produktionsprogrammen. Dies gilt besonders bei „Unterbeschäftigung" oder Engpässen - dafür wurde die Deckungsbeitragsrechnung entwickelt.

Prozesskostenrechnung verallgemeinert den Gedanken der Maschinenstundensatzrechnung, indem sie möglichst oft fragt: „Warum?" oder „Wodurch beeinflusst?" Kostenarten, die in Wirklichkeit weder von den üblichen Fertigungs- und Materialeinzelkosten noch von Maschinenbereitschaft und -nutzung abhängen, werden grundsätzlich eigenständig kalkuliert. In einem aus der industriellen Praxis entwickelten Zahlenbeispiel nach HAAS[7] werden hierfür unter anderem Materialannahme (cost driver: Produktionsläufe) oder Packerei (cost driver: Packaufträge) als typisch genannt. So verbleiben nur wenige Gemeinkostenarten wie Geschäftsführung oder häufig Forschung/Entwicklung übrig, die in Kalkulationen weiterhin willkürlich zugerechnet werden.[8] Sie können dagegen in Teilkostenrechnungs-Ansätzen für Entscheidungs-, nicht für Budgetierungszwecke außer Acht gelassen werden, sofern sie ohnehin für die untersuchte Entscheidung unerheblich sind.

Prozesskostenrechnung (PKR) wurde somit zunächst als Kalkulationsmethode entwickelt. Kalkulation wiederum ist die ursprüngliche Aufgabe der Kostenrechnung. Das merkt man auch an der PKR, die zunächst aus der Praxis kam und später von Wissenschaftlern mehr kommentiert denn analysiert wurde.

Die PKR bietet in der bisher vorherrschenden Version eine verursachungsgerechtere Vollkostenrechnung an, die - wenn ihr Anspruch eingelöst wird - einen geringeren Anteil der Kosten willkürlich „schlüsselt" [9].

An einem entscheidenden Punkt der Kosten-Verteilungsrechnung, nämlich der Ermittlung von Prozesskostensätzen, wird aber nur eine einfache Divisionskalkulation vorgenommen [10].

6.3 Rechentechnik

6.3.1 Ermittlung von Prozesskostensätzen: Darstellung und Kritik

PKR verwendet in der vorherrschenden Variante nach HORVÁTH/MAYER als grundlegende Klassifikation das Begriffspaar

„*leistungsmengeninduziert (lmi)*" versus „*leistungsmengenneutral (lmn)*",

was in dem Divisionsvorgang **Prozesskosten : Prozessmengen** mit „*variabel*" vs. „*fix*" (bezüglich der Prozess-, nicht der Endprodukt-Mengen) gleichgesetzt wird. [11]

Rechenschema mit Zahlenbeispiel: [12]

Prozess-kosten	PM	lmi-Satz	lmn-Zuschlag	Gesamt-Satz	Bezeichnung lmi
300.000,00	1.200	250,00	20,00	270,00	Angebotsbearbeitungen
100.000,00	4.000	25,00	2,00	27,00	Bestellungen
100.000,00	100	1.000,00	80,00	1.080,00	Materialprüfungen

Prozesskosten lmn (€)	Summe Prozesskosten lmi (€)	Zuschlagssatz lmn/lmi (%)	Bezeichnung des Prozesses lmn
40.000,00	500.000,00	8,00	Abteilungsleitung

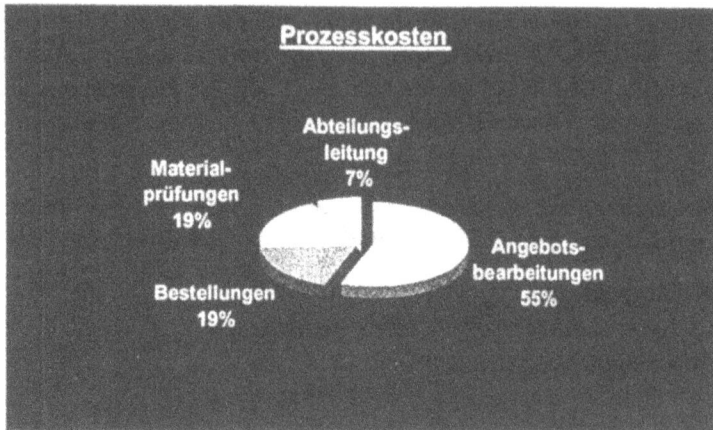

Abbildung 16: Diagramm zum Rechenschema

Das Rechenschema zeigt:
Die Prozesskostensätze (lmi) gewinnt man durch einfache Division.

Für Vollkostenkalkulationen werden die „leistungsmengenneutralen" Kostenanteile einfach entsprechend den „leistungsmengeninduzierten" geschlüsselt.

Damit jedoch vermischt man zwei Ebenen. Um die Wirklichkeit adäquater abzubilden (vgl. Kapitel 1), bevorzugt praxisgerechte Plankostenrechnung in ihrer Anwendung auf Prozesskostenrechnung eine Hierarchie mit zwei Ebenen:

---

1. Ebene: Welche Kosten sind (im Sinne von Kausalität)

a) durch identifizierbare cost drivers (Betriebsbereitschaft und Prozessmengen!) induziert (bisher vergröbernd „lmi"; m.E. besser: cost-driver-induziert = „cdi"),

b) welche gegenüber den identifizierten cost drivers neutral (bisher vergröbernd „lmn"; m.E. besser: cost-driver-neutral = „cdn")?

---

2. Ebene: Wenn Klassifikation der 1. Ebene gegeben:

Wieviel der cdi bzw. cdn Kosten sind fix, welcher Anteil ist variabel?

Inhaltlich begründet ist diese Methodik durch folgende Differenzierung:

Die cost-driver-induzierten („cdi") Kosten bestehen in der Regel auch aus fixen Bestandteilen zur Aufrechterhaltung der (prozessbezogenen) Betriebsbereitschaft.

Die cost-driver-neutralen („cdn") Kosten können auch variable Bestandteile in Abhängigkeit von den Prozessmengen enthalten (eine große Abteilung erfordert in der Regel mehr Resourcen, wenngleich meist unterproportional zunehmende Leitungskosten auftreten).[13]

6.3.2 Verwendung von Prozesskostensätzen

Der grundsätzliche Fehler herkömmlicher PKR ist also fehlende Trennung der Begriffspaare *„Einzel-/Gemeinkosten"* und *„variable/fixe Kosten"*. Dies ist bedingt durch ihr Streben, Vollkostenkalkulation verursachungsgerechter zu gestalten.

Der Fehler bleibt auch im innovativen Ansatz HEINRICHs erhalten, Prozesskostensätze in eine "Kundendeckungsbeitragsrechnung als Marketing-Instrument" einzuführen. Der fehlende Ausweis fixer Kosten führt logischerweise zur Überschätzung der variablen Kostenanteile[14].

Folgendes Zahlenbeispiel in Anlehnung an PEPELS[15] zeigt die Möglichkeiten einer Kombination von Deckungsbeitrags- und Prozesskostenrechnung im Gegensatz zur Vollkosten-Orientierung bisheriger Ansätze auf:

- **Traditionelle Kostenrechnung** ermittelte Herstellkosten eines Chefschreibtisches von *1854,00 €* sowie Verwaltungs- und Vertriebs-gemeinkosten in Höhe von *275,59 €* bzw. *183,73 €*.

- Eine **Deckungsbeitragsrechnung** im produktiven Bereich ergab variable Herstellkosten von *862,48 €*.

- Die **Verwaltungskosten** erwiesen sich als unproblematisch, da sie sich praktisch fix verhalten.

Zur Bewertung „guter" und „schlechter" Kunden sollen nun die Vertriebskosten besonders unter die Lupe genommen werden.

Man stellt fest, dass - bei vorausgesetztem Plan-Output - 20% der Vertriebs-kosten unechte Gemeinkosten wie Provisionen, Zugaben u.ä. sind, die sich in Wirklichkeit annähernd proportional zur Zahl produzierter Tische verhalten, hier also *36,75 €*.

Nach Deckungsbeitragsrechnung ergibt sich also eine

*Preisuntergrenze = variable Kosten = variable Herstellkosten + variable Gemeinkosten des Vertriebs = **899,23 €.***

Sofern Kunden durch Werbebriefe, Vertreterbesuche und Geschäftsessen „gepflegt" werden, ist Heinrichs Ziel sinnvoll, die Preisuntergrenze um entsprechende Kosten zu erhöhen.

Waren für einen Kleinauftrag über nur einen Schreibtisch etwa

* 3 Werbebriefe zu *je 40 €,*

* 1 Vertreterbesuch zu *1000 €* (weite Strecke, nobles Auto usw.!) und

* 1 Geschäftsessen für *100 €*

nötig, so würde die Interpretation dieser Prozesskostensätze ergeben:

Die Preisuntergrenze verschiebt sich in Anwendung von HEINRICHs Ansatz auf

*899,23 + 3 * 40 + 1000 + 100*
*= **2.119,23 €.***

Ein Ergebnis, das nur dann realistisch wäre, wenn Textverarbeitung und Vertreter völlig flexibel anderweitig eingesetzt werden könnten!

Gerade der Vertreterbesuch zeigt, dass hier hohe Fixkosten einkalkuliert sind. Nehmen wir an: Variabel bezüglich der Prozessmengen sind nur

* insgesamt *10 €* für Papier, Porto, Tinte usw. der Werbebriefe;

* *50 €* für Benzin, Öl, Reifenverschleiss usw. sowie die

* *100* „verfressenen" *Euro.*

Die **realistische** Preisuntergrenze beträgt also hier:
862,48 + 10 + 50 + 100
*= **1022,48 €***

6.4 Prozesskostenrechnung als Instrument des Controlling

Um die eigentliche Zielsetzung des Controllings abzudecken, stellt eine differenzierte Kostenanalyse nur einen Teil des Leistungsumfanges dar.

Denn Prozesskostenrechnung als Instrument des Controlling besteht aus mehr als dem relativ leicht erlernbaren, aber zuweilen auch falsch verstandenen Rechnen mit Zahlenwerten.

Vielmehr enthält derartige praxisorientierte Prozesskostenrechnung folgende idealtypische Phasen:

- Organisationsanalyse

- Ermittlung von Ist- und Plan-Prozesskostensätzen

- Verwendung von Prozesskosten-Informationen für Organisationsreform, Kalkulation und Kostenkontrolle

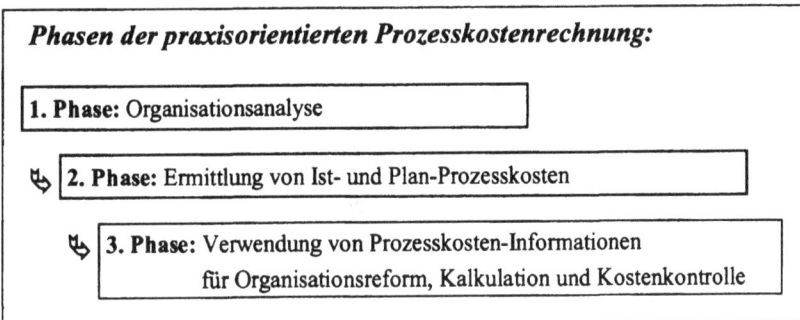

Phasen der praxisorientierten Prozesskostenrechnung:

1. Phase: Organisationsanalyse

2. Phase: Ermittlung von Ist- und Plan-Prozesskosten

3. Phase: Verwendung von Prozesskosten-Informationen
für Organisationsreform, Kalkulation und Kostenkontrolle

Abbildung 17: Phasen der praxisorientierten Prozesskostenrechnung

In der 1. Phase wird die Ablauforganisation kritisch durchleuchtet mit dem Ergebnis:

- Identifizieren von unnötigen Prozessen wie früher notwendigen, jetzt überflüssigen Durchschlägen, also Outputs der einen Stelle, die keine andere Stelle als Input braucht!

- Ermittlung von Redundanzen, soweit sie nicht, etwa für Kontrollzwecke, beabsichtigt sind; als besonders wichtig erweist sich diese Aufgabe, wenn zweimal dasselbe getan wird, aber die Ergebnisse nicht zusammenpassen, beispielsweise Controlling und Vertrieb rechnen Deckungsbeiträge aus und kommen wegen unterschiedlicher Datenbasis und/oder Methode zu verschiedenen Ergebnissen. Der Ärger ist vorprogrammiert.

- Letztlich lassen sich daraus ein Ist- und ein künftiger Sollzustand der ablaufenden Prozesse ableiten – mit Rückwirkung zur Aufbauorganisation, wenn beispielsweise unnötige Arbeitsgänge wegrationalisiert werden[16].

Sicher kann man streiten, ob diese Phase mehr in die Kompetenz der Organisations- oder der Controlling-Abteilung gehört (pragmatischer Tipp: Einrichten von gemeinsamen Projektgruppen!). Aber ohne diese Phase ist das Weiterrechnen unmöglich!

Konkretes Beispiel aus dem Qualitätsmanagement: Es gelingt, aufgrund verbesserten Input-Materials von der Kontrolle aller Teile auf Stichprobenkontrollen überzugehen.

In der 2. Phase werden Prozesskostensätze z.B. nach dem HORVÁTH/MEYER-Schema, - (aber auch als Teilkostensätze möglich!) – errechnet.

Der Ist-Prozesskostensatz informiert beispielsweise für aktuelle Kalkulationen über die möglichst zu deckende Kostenhöhe, bezogen auf einen internen Prozess.

Der Plan-Prozesskostensatz zeigt, in welche Höhe sich die Kosten nach einer möglichen Organisationsreform voraussichtlich entwickeln werden.

In der 3. Phase – die auch in vielen der Übungsaufgaben der Kapitel 7 und 8 thematisiert wird – sind die bisher gewonnenen Informationen praxisorientiert anzuwenden. das heißt insbesondere:

- Einleiten einer Organisationsreform aufgrund der in der 1. Phase festgestellten Fehler (Praxistipp: kein Personalabbau um jeden Preis; vielleicht suchen Sie ja in einer anderen Abteilung „händeringend" nach Personal!); eine Organisationsreform ist sinnvoll, wenn sie gegebenfalls nach Anlaufzeit das Kostenniveau in Euro pro Zeiteinheit, also beispielsweise pro Monat, senkt.

- Ermittlung verursachungsgerechterer Kalkulation: hier wird jetzt das Ist-, künftig das Plan-Kostenvolumen nicht verändert, sondern umverteilt: aufwendigere Produkte, beispielsweise mit hoher Variantenvielfalt, werden teurer, günstiger herzustellende billiger, im Durchschnitt bleibt es gleich!

- Kostenkontrolle, also Überprüfung, ob auf Dauer - bewertet am Deckungsbeitrag II - oder für Auftragsspitzen Outsourcing - wenn „wir" zu teuer sind - oder Insourcing - was die „Experten" wie beispielsweise manche „hochangesehene" Unternehmensberater meist vernachlässigen - wirtschaftlich sinnvoll ist.

Gerade die letzte Funktion ist in gängiger Prozesskostenrechnung völlig unterentwickelt.

Wann bietet sich Outsourcing auf Dauer an?

Wenn „unser" Prozesskostensatz höher ist als der Preis eines externen Anbieters, anders gesagt: wir erwirtschaften einen negativen Deckungsbeitrag II, bietet sich Outsourcing auf Dauer an! Ursache kann schlechte Auslastung im eigenen Betrieb sein, beispielsweise eine teure Prüfanlage steht meistens nur ungenutzt herum, oder auch spezielle Erfahrung des externen Anbieters und daraus folgender Vorsprung an Wissen, „wie's geht". Achtung! Manche Prozesse wird man im Interesse von Flexibilität, Geheimhaltung usw. im eigenen Hause lassen, auch wenn es teurer ist!

Für Insourcing gelten entsprechende Überlegungen, wie folgendes Praxisbeispiel zeigt: Stadtwerke hatten u.a. die Kostenstellen „KFZ-Werkstatt" und „Umweltlabor". Die Analyse ergab, dass die Werkstatt höhere Kosten verursachte als die Auftragsvergabe an ein Autohaus, also praktisch eine reine „Arbeitsbeschaffungsmassnahme" war. Andererseits versprach die Differenz zwischen Prozesskostensatz und Marktpreis Gewinnchancen beim Umweltlabor. Heute ist die Werkstatt geschlossen, die Beschäftigten wurden in andere Abteilungen versetzt. Das Labor ist deutlich vergrößert.

Wann ist kurzfristiges Outsourcing sinnvoll?

Zum einen muss die notwendige Voraussetzung erfüllt sein, dass dies aus o.g. qualitativen Gründen überhaupt geht.

Zum anderen – rein gewinnorientiert - nach folgender Schrittfolge:

- Analysieren Sie die Kostenseite nach dem Schema praxiorientierter Plankostenrechnung in Kapitel 3.4; mit „Absatz" ist jetzt interner Absatz an andere Abteilungen gemeint.

- Setzen Sie als Erlös pro Prozess ein, was Sie bei externer Auftragsvergabe zahlen müssten (Opportunitätskosten), und ermitteln Sie die Erlösabweichung.

- Wenn der Saldo aus Erlösabweichung und Summe der „echten Beschäftigungsabweichungen" aller Einzelkosten - also der cost-driver-induzierten - negativ ist, dann lohnt sich kurzfristiges Outsourcing.

Bitte bearbeiten Sie Aufgabe 13) in Kapitel 7, um sicherzustellen, dass Sie das Verfahren auch konkret anwenden können.

Vorsicht: (Kennzahlen-)Falle!

Organisationsreformen führen oft scheinbar zur Verschlechterung in Form eines steigenden Prozesskostensatzes.

Lassen Sie sich nicht von diesem paradoxen Reformeffekt in die Irre führen; siehe folgendes Beispiel:

Zwei Unternehmen tauschen im Rahmen eines Benchmarking-Projekts ihre Prozesskostensätze pro Tonne Abfallbeseitigung aus. In beiden Fällen ist der Kostensatz von 200 auf 300 Euro/Tonne gestiegen. Die häufig gezogene Folgerung „Das ist (betriebswirtschaftlich) schlecht" gilt aber nur für das eine Unternehmen, das eine 50%ige Kostensteigerung bei gleicher Abfallmenge hatte. Der Anstieg kann sogar eine ökonomisch und ökologisch positive Entwicklung anzeigen:

Vorher:
- Fixkosten 100.000 €/Monat;

- variable Kosten 100 €/Tonne;

- Abfallmenge 1.000 to/Monat,
  also Kostensatz
  $100.000/1.000 + 100 = 200$

Nachher:
- Fixkosten 100.000 €/Monat;

- variable Kosten 100 €/Tonne;

- Abfallmenge 500 to/Monat,
  also Kostensatz
  $100.000/500 + 100 = 300$

Diese Verbesserung kann auf Einführung neuer Produktionsprozesse beruhen, die einen Teil der Abfälle erst gar nicht entstehen lassen („produktionsintegrierter Umweltschutz"[17]).

Kapitel 7

Aufgaben

Aufgabe 1)

Gegeben ist der *Betriebsabrechnungsbogen (BAB)* der nächsten Seite. Die Firmenleitung will als „Pilotprojekt" die Kostenstelle *„Materialwirtschaft 3.0"* zumindest teilweise auf *Prozesskostenrechnung (PKR)* umstellen.

Analysiert wird deshalb der Hauptprozess „Materialbereitstellung" als innerbetrieblicher Vorgang. Hierfür gelten folgende Informationen:

(1) Die der Kostenstelle 3.0 zugerechneten Fuhrparkkosten betreffen nur selbst durchgeführte Transporte von Lieferanten ins Lager.

(2) 30% der in Kostenstelle 3.0 anfallenden (nach BAB-Methodik: Gemein-) Kosten betreffen die Materialbereitstellung.

(3) Es wurden verschiedene „cost drivers" identifiziert, die je ein Drittel der Materialbereitstellungs-Kosten verursachen:

- *2.200* Lagerdispositionen, die pro bereitgestellter Materialart (jedoch unabhängig von der disponierten Stückzahl) anfallen;

- *8.800* Sichtprüfungen pro Stück Fertigungsmaterial jeweils direkt vor Fertigungsbeginn, da das Material bei Überlagerung rosten kann und die Prüfung weit kostengünstiger ausfällt als spätere Reklamationen;

- *352* Gabelstaplerfahrten mit jeweils einer Palette Material.

NUSAG

Betriebsabrechnungsbogen

Kostenart		Kostenstelle	Fuhrpark	Bearbeitung	Fertigung Montage	Σ	Arbeitsvorbereitung	Material-wirtschaft	Verwaltung	Vertrieb
Lfd-Nr.	Bezeichnung	Euro	10	21	22		23	30	40	50
1	401	381.300,-	8.200,-	99.300,-	180.000,-	279.300,-	-	5.000,-	88.800,-	
2	403	170.900,-	3.200,-	56.200,-	87.000,-	143.200,-	1.400,-	7.000,-	13.500,-	2.600,-
3	421	470.000,-	36.000,-	110.000,-	180.000,-	290.000,-	-	11.300,-	132.700,-	
4	430	1.200.800,-	32.000,-	226.350,-	311.400,-	537.750,-	84.170,-	13.650,-	303.230,-	230.000,-
5	440	835.400,-	34.000,-	158.450,-	218.000,-	376.450,-	58.930,-	17.450,-	233.570,-	115.000,-
6	464	22.400,-			8.100,-	8.100,-	-	1.600,-	2.700,-	10.000,-
7	469	477.200,-	400,-	140.700,-	53.300,-	194.000,-	37.300,-	44.200,-	169.700,-	31.600,-
8	480	260.000,-	40.000,-	120.000,-	40.000,-	160.000,-	2.800,-	11.200,-	40.400,-	5.600,-
9	481	142.000,-	6.200,-	36.000,-	16.000,-	52.000,-	1.400,-	64.600,-	15.400,-	2.400,-
10	Σ	3.960.000,-	160.000,-	947.000,-	1.093.800,-	2040.800,-	186.000,-	176.000,-	1.000.000,-	397.200,-
11			-160.000,-	8.000,-	3.200,-	11.200,-	4.000,-	12.000,-	20.000,-	112.800,-
12	Σ	3.960.000,-		855.000,-	1.097.000,-	2.052.000,-	190.000,-	188.000,-	1020.000,-	510.000,-
13				133.000,-	57.000,-	190.000,-	-	-	-	-
14	Σ	3.960.000,-		1.088.000,-	1.154.000,-	2.242.000,-		188.000,-	1020.000	510.000,-

Quelle: Ebert S.238 (gekürzt)

a) Ermitteln Sie die leistungsmengen- bzw. cost-driver-induzierten (lmi bzw. cdi) Prozesskostensätze für die drei genannten Teilprozesse.

b) Ermitteln Sie die entsprechenden Gesamt-Prozesskostensätze unter der Voraussetzung, daß alle übrigen im BAB ausgewiesenen Gemeinkosten der Kostenstelle 3.0 als leistungsmengen- bzw. cost-driver-neutral (lmn bzw. cdn) angenommen werden.

c) Kalkulieren Sie die gesamten Materialkosten pro Los à 100 Stück Endprodukt, wenn für das Los benötigt werden:

- 100 Stück Material A zu je 5 €/Stück,

- 200 Stück Material B zu je 8 €/Stück,

- 0,1 Staplerfahrten (anteilig im Durchschnitt).

Unterstellt ist, dass die Materialien A und B extra für diesen Auftrag disponiert, also nicht mit andren Aufträgen zusammengefasst werden.

d) Zeigen Sie anhand der Kalkulation von c) rechnerisch, dass bei Verwendung nur eines cost driver die Materialkosten verfälscht errechnet werden.

Aufgabe 2)

In einem arbeitsintensiven Betrieb hängt der Output in erster Linie von den Personalkosten ab; weitere Kostenarten sind hier vernachlässigt.

Es gelten folgende Daten im Einkauf und der Produktion:

Kostenart:	Planmenge		Planpreis	Istmenge	Istpreis
	fix	prop.			
Personalkosten:	60 h	40 h	50 €/h	106 h	45 €/h

Ferner gelten folgende Daten beim Absatz:

Erlösart:	Planmenge	Planpreis	Istmenge	Istpreis
Produkt X	1.000 St.	10 €/St.	1.100 St.	

Im Anschluss an den Aufgabentext finden Sie das Lösungsschema I einer Plankostenrechnung mit dem durchgerechneten Beispiel.

Die „(sogenannte) Beschäftigungsabweichung" in Lösungsschema I gibt die (rechnerische) Unter- oder Überdeckung der Fixkosten durch die vom Absatzmarkt gezahlten Erlöse unter der Voraussetzung konstanter Preise auf dem Absatzmarkt an, wird also interpretiert: „Durch den höheren Ist-Beschäftigungsgrad wurden anteilig *300 €* mehr eingenommen, als zur Deckung der Fixkosten erforderlich war."

Auf der danach folgenden Seite finden Sie alternativ hierzu das Lösungsschema II (zum Teil durchgerechnet für das selbe Beispiel).

a) Interpretieren Sie die in beiden Lösungsschemata identische Verbrauchs- und Preisabweichung schematisch.

b) Nennen Sie je ein Argument gegen die schematische Interpretation in a).

c) Lösungsschema I legt den Schluss nahe: „Die erhöhte Beschäftigung ist gut für den Betrieb, weil die Fixkosten überdeckt sind."

Bilden Sie eine Annahme über den Istpreis auf dem Absatzmarkt im konkreten Fall, so dass diese Beurteilung der wirtschaftlichen Auswirkung des erhöhten Ist-Beschäftigungsgrads auch im Rechengang des Lösungsschemas II richtig bleibt.

Lösungsschema I:

Planmenge$_{Einkauf}$	*	Ist-Beschäftigungsgrad	*	Planpreis$_{Einkauf}$

„verrechnete Plankosten"

$= (60 \text{ h} + 40 \text{ h})$ *   (1.100 St. / 1.000 St.)   *   50 €/h

$= \underline{5.500 \text{ €}}$

            5.500 €

          - 5.200 €

         $\underline{+ 300 \text{ €}}$ (sogenannte) „Beschäftigungsabweichung"

Sollmenge$_{Einkauf}$	*	Planpreis$_{Einkauf}$	*„Sollkosten"*

$= (60 \text{ h} + 40 \text{ h} * 1.100 \text{ St.} / 1.000)$ *   50 €/h

$= \underline{5.200 \text{ €}}$

            5.200 €

          - 5.300 €

         $\underline{- 100 \text{ €}}$ Verbrauchsabweichung

Istmenge$_{Einkauf}$	*	Planpreis$_{Einkauf}$	*„Istkosten zu Planpreisen"*

$= 106 \text{ h}$ *   50 €/h

$= \underline{5.300 \text{ €}}$

            5.300 €

          - 4.770 €

         $\underline{+ 530 \text{ €}}$ Preisabweichung

Istmenge$_{Einkauf}$	*	Istpreis$_{Einkauf}$

$= 106 \text{ h}$ *   45 €/h

$= \underline{4.770 \text{ €}}$

97

Lösungsschema II: Kosten

Planmenge$_{Einkauf}$	*	Planpreis$_{Einkauf}$

$= (60 \text{ h} + 40 \text{ h})$ *   50 €/h

$\underline{= 5.000 \text{ }€}$

      5.000 €

     - 5.200 €

_____

     $\underline{- 200 \text{ }€}$ outputmengenbedingte
Überschreitung variabler Kosten

Sollmenge$_{Einkauf}$	*	Planpreis$_{Einkauf}$

$= (60 \text{ h} + 40 \text{ h} * 1.100 \text{ St.} / 1.000)$ *   50 €/h

$\underline{= 5.200 \text{ }€}$

      5.200 €

     - 5.300 €

_____

     $\underline{- 100 \text{ }€}$ Verbrauchsabweichung

Istmenge$_{Einkauf}$	*	Planpreis$_{Einkauf}$

$= 106 \text{ h}$ *   50 €/h

$\underline{= 5.300 \text{ DM}}$

      5.300 €

     - 4.770 €

_____

     $\underline{+ 530 \text{ }€}$ Preisabweichung

Istmenge$_{Einkauf}$	*	Istpreis$_{Einkauf}$

$= 106 \text{ h}$ *   45 €/h

$\underline{= 4.770 \text{ }€}$

Aufgabe 3)

Gegeben ist folgendes, teilweise durchgerechnete Plankostenrechnungsschema:

Erlöse:

Planmenge$_{Absatz}$	*	Planpreis$_{Absatz}$

Istmenge$_{Absatz}$	*	Istpreis$_{Absatz}$

Kosten: Personal

Planmenge$_{Einkauf}$	*	Planpreis$_{Einkauf}$

= 200 h   * 40 €/h

= *8.000 €*

$$\begin{array}{r} 8.000 \text{ €} \\ -\ 11.000 \text{ €} \\ \hline -3.000 \text{ €} \end{array}$$ outputmengenbedingte Überschreitung variabler Kosten

Sollmenge$_{Einkauf}$	*	Planpreis$_{Einkauf}$

= 275 h   * 40 €/h

= *11.000 €*

$$\begin{array}{r} 11.000 \text{ €} \\ -\ 11.600 \text{ €} \\ \hline -600 \text{ €} \end{array}$$ Verbrauchsabweichung

Istmenge$_{Einkauf}$	*	Planpreis$_{Einkauf}$

= 290 h   * 40 €/h

= *11.600 €*

$$\begin{array}{r} 11.600 \text{ €} \\ -\ 11.020 \text{ €} \\ \hline +580 \text{ €} \end{array}$$ Preisabweichung

Istmenge$_{Einkauf}$	*	Istpreis$_{Einkauf}$

= 290 h   * 38 €/h

= *11.020 €*

Kosten: *Telefon*

Planmenge$_{Einkauf}$	*	Planpreis$_{Einkauf}$

= 15.000 Einheiten   * 0,23 €/Einheiten

= *3.450 €*

$$\begin{array}{r} 3.450\ € \\ -\ 5.175\ € \\ \hline -1.725\ € \end{array}$$ outputmengenbedingte Überschreitung variabler Kosten

Sollmenge$_{Einkauf}$	*	Planpreis$_{Einkauf}$

= 22.500 Einheiten   * 0,23 €/Einheiten

= *5.175 €*

$$\begin{array}{r} 5.175\ € \\ -\ 5.750\ € \\ \hline -575\ € \end{array}$$ Verbrauchsabweichung

Istmenge$_{Einkauf}$	*	Planpreis$_{Einkauf}$

= 25.000 Einheiten   * 0,23 €/Einheiten

= *5.750 €*

$$\begin{array}{r} 5.750\ € \\ -\ 5.750\ € \\ \hline 0\ € \end{array}$$ Preisabweichung

Istmenge$_{Einkauf}$	*	Istpreis$_{Einkauf}$

= 25.000 Einheiten   * 0,23 €/Einheiten

= *5.750 €*

Situation:

Eine Handelsvertretung erzielt durch Telefonmarketing Provisionserlöse.

a) Beurteilen Sie schematisch (mit Angaben in Euro und Stunden), ob die Produktionsabteilung „Telefonmarketing" und die Personalabteilung gut oder schlecht gewirtschaftet hat.

b) Wie ändern sich Ihre Antworten zu a), wenn Sie darüber informiert werden, dass die Personalabteilung zur Durchsetzung eines niedrigeren Stundensatzes ungeübtes Personal eingestellt hat, das für Vorbereitung und Durchführung der Gespräche länger brauchte als ein vergleichbares eingespieltes Team?

c) Wie viele Abschlüsse mussten mindestens erzielt werden, damit sich die outputmengenbedingte Überschreitung aller untersuchten variablen Kosten lohnte, wenn
- 100 Abschlüsse mit einem Provisionserlös von 300 € pro Abschluss geplant waren,
- der tatsächliche Provisionserlös pro Abschluss auf 270 € gesunken ist?

> <u>Hinweis:</u> In diesem Falle sind, wie die Lösung zeigt, die variablen
>
> Kosten nicht proportional!

Aufgabe 4)

<u>Die Qualitätskontrolle hatte für den letzten Monat geplant:</u>	<u>Tatsächlich fielen an:</u>
• 800 Prüfungen (von Endprodukten),	• 880 Prüfungen,
• 20 fixe Personalstunden und 0,02 variable Personalstunden pro Prüfung,	• 37 Personalstunden,
• Stundensatz 50 €/h	• Stundensatz 48 €/h
• Verbrauchsmaterial 1 kg à 7 €/kg pro Prüfung	• Verbrauchsmaterial 900 kg à 7 €/kg.

a) Berechnen Sie für die Kostenarten „Personal" und „Verbrauchsmaterial" outputbedingte Über-/Unterschreitung variabler Kosten, die Verbrauchsabweichung, die Preisabweichung.

b) Berechnen Sie die Erlösabweichung unter der Voraussetzung, dass ein externer Qualitätskontrolleur (bei gleicher Leistung!) 10 Euro pro Prüfung verlangt (Plan=Ist).

c) Interpretieren Sie schematisch (aber mit konkreten Zahlenwerten!), ob sich die Erledigung der zusätzlichen 80 Prüfungen im eigenen Haus gelohnt hat, und ob sich künftig – die Planwerte als realistisch vorausgesetzt – rein finanziell ein Outsourcing an den externen Anbieter lohnt.

d) Bei der Neu-Planung für das kommende Jahr stellt sich heraus:
- In „normalen" Monaten werden die o.g. Planwerte (also 800 Prüfungen usw.) gültig bleiben.
- In „Überlast"-Monaten werden voraussichtlich 10% mehr, also 880 Prüfungen durchgeführt werden.

Die Qualitätskontrolle im Haus soll zwecks Flexibilität auf jeden Fall hinsichtlich der 800 „normalen" Prüfungen aufrecht erhalten bleiben.

d1) Skizzieren Sie kurz einen Fall, wo trotz des Ergebnisses von **c)** die Erledigung von 80 zusätzlichen Prüfungen im eigenen Haus für das Gesamtunternehmen wirtschaftlich ungünstig sein kann.

d2) Nehmen Sie im Folgenden an:

- „Überlast"-Monate treten in der gesamten Branche im gleichen Rhythmus auf, so dass das Verbrauchsmaterial für die zusätzlichen Prüfungen auf x €/kg verteuert wird (die Versorgung für die 800 „normalen" Prüfungen bleibt mit 7 €/kg gewährleistet).

- Der externe Qualitätskontrolleur ist in seiner Technologie vom betrachteten Verbrauchsmaterial unabhängig und bietet für das kommende Jahr weiterhin einen Preis von 10 €/Prüfung an. (Um Marktführer zu werden, wird er auch zu relativ kleinen Mengen wie 80 Prüfungen jederzeit bereit sein.)

Ab welchem Materialpreis x wird es lohnend, in „Überlast"-Monaten die zusätzlichen 80 Prüfungen extern in Auftrag zu geben?

Hinweis:
Es sind verschiedene Darstellungsformen (die auch von den Standardformeln abweichen können) möglich. Unterstellen Sie – sofern für Ihren Rechengang nötig -, dass keine Material-Verbrauchsabweichung in „Überlast"-Monaten auftritt.

Aufgabe 5)

Eine Spedition erbringt Transportleistungen, die mittels Äquivalenzziffern auf „Standard-Transporte" umgerechnet werden. Analysieren Sie nun die wirtschaftliche Situation der Kostenstelle „Fahrer Jens Jensen", in der Personal- und Kfz-Kosten gemäss folgenden Angaben anfielen.

Planzahlen	**Istzahlen**
• 13 Standardtransporte zum Preis von je 2.000, - Euro;	• 22 Standardtransporte zum Preis von je 1.900, - Euro;
• 170 Lohn-Stunden á 28 €/h, von denen erfahrungsgemäß 120 Stunden unabhängig von der Zahl der Transporte anfielen;	• 220 Lohn-Stunden á 30 €/h;
• variable Kosten für Treibstoff und Verschleiß für 11.700 km á 0,50 €/km;	• 22.000 km á 0,48 €/km variable Kosten;
• 1.000,- Euro Fixkosten pro Monat.	• 1.000,- Euro Fixkosten pro Monat.

> Hinweis:
> Die Fixkosten wurden für die Abweichungsanalyse, *nicht* für die Finanzplanung vernachlässigt.

a) Berechnen Sie für die Kostenstellen Personal und Kfz-Kosten die outputbedingte Über-/Unterschreitung variabler Kosten, die Verbrauchsabweichung und die Preisabweichung.

b) Berechnen Sie die Erlösabweichung.

c) Beurteilen Sie schematisch (mit konkreten Zahlenangaben in Euro), ob die folgenden Verantwortlichen für das Unternehmen gut oder schlecht gewirtschaftet haben:

- Fahrer Jens Jensen, der für die Erbringung der Transportleistungen inclusive Zeit- und Tourenplanung zuständig ist, und

- die Vertriebsabteilung, die für Fahrer Jens Jensen einige schlechter bezahlte Aufträge hereingenommen hat, um die Auslastung zu verbessern.

Hinweis:
Unterstellen Sie, dass die Vertriebsabteilung auch die anderen Fahrer gut ausgelastet hat, Jensen also nicht durch innerbetriebliche Umlagerung von Aufträgen so gut beschäftigt war.

---

d) Eine gründlichere Kostenanalyse ergab, dass die aus einer Regressionsgeraden gewonnenen Werte der Plan-Lohnstunden die Wirklichkeit nur grob annäherten, stattdessen

- pro Standardtransport 10 Lohnstunden zu planen;

- der Fahrer Jens Jensen als Stammpersonal mindestens für 170 Stunden zu bezahlen war.

Es ist also ein „geknickt-linearer" Kostenverlauf wie bei Gaststätten mit Mindestbierabnahme unterstellt, wobei der Fahrer in „flauen Zeiten" Wartungs-, Reinigungs- u.ä. Arbeiten zur Aufrechterhaltung der Betriebsbereitschaft durchführt.

Ermitteln Sie nun Plan- und Soll-Personalkosten neu.

Aufgabe 6)

Zur Kontrolle der Kostenstelle „Chefwagen" werden für den Dezember die zwei am ehesten beeinflussbaren Kostenarten „Personal" und „Treibstoff" analysiert.

Planzahlen
- 3.000 km Fahrleistung,
- 40 fixe Chauffeur-Stunden,
- 0,04 proportionale Chauffeur-Stunden pro km,
- Chauffeur-Stundensatz = 30, - €/h,
- Treibstoffverbrauch von 9 Liter pro 100 km und ein Benzinpreis von 1,50 €/l.

Istzahlen
- 6.000 km Fahrleistung,
- 240 Chauffeur-Stunden á 32 €/h,
- Treibstoffverbrauch von 8 Liter pro 100 km und ein Benzinpreis von 1,65 €/l

a) Berechnen Sie für die Kostenarten Personal und Treibstoff die outputbedingte Über-/Unterschreitung variabler Kosten, die Verbrauchsabweichung und die Preisabweichung.

b) Berechnen Sie die Erlösabweichung unter der Voraussetzung, dass ein externer Fahrdienst (bei gleicher Qualität) 1,80 Euro pro km (ebenfalls inclusive Chauffeurkosten) verlangt (Plan=Ist).

c) Beurteilen Sie schematisch (mit konkreten Zahlenangaben in Euro), ob der Chauffeur sparsam oder verschwenderisch gewirtschaftet hat, ferner ob die Entscheidung richtig oder falsch war, die erhöhte Fahrleistung durch die betriebsinterne Kostenstelle "Chefwagen" zu erbringen.

d) Nennen Sie ein Argument dagegen, die Personalabteilung für die Preisabweichung beim Chauffeur-Stundensatz verantwortlich zu machen.

Aufgabe 7)

Die Fertigungshilfsstelle „Nacharbeit" bringt von der Qualitätskontrolle zurückgewiesene, aber noch reparaturfähige Zwischenprodukte in Ordnung. Der Reparaturprozess ist arbeits- und energieintensiv; deshalb werden nur Personal- und Stromkosten analysiert. Unterstellt ist, dass die Reparaturprozesse in Umfang und Schwierigkeitsgrad vergleichbar sind.

Planzahlen

(1) *Output der Stelle*:
130 Reparaturen

(2) *Arbeitsaufwand*:
2 Facharbeiter á 140 Stunden insgesamt; davon durchschnittlich 1,5 Stunden pro Reparatur; restliche Stunden für Betriebsbereitschaft; Stundensatz 50 €/h

(3) *Stromkosten:*
Um Energie zu sparen, stellt das betriebseigene Kraftwerk keine Grundgebühr in Rechnung. Benötigt werden monatlich 200 kWh für Betriebsbereitschaft; durchschnittlich 10 kWh pro Reparatur;Tarif 0,20 €/kWh

Istzahlen

(1) *Output der Stelle*:
156 Reparaturen

(2) *Arbeitsaufwand*:
300 Stunden á 52,50 €/h

(3) *Stromkosten:*
1.900 kWh á 0,20 €/kWh

a) Berechnen Sie die outputmengenbedingte Über-/Unterschreitung variabler Kosten, die Verbrauchsabweichung und die Preisabweichung

b) Beurteilen sie schematisch (mit Angaben in Euro), ob die Produktionsabteilung insgesamt gut oder schlecht gewirtschaftet hat.

c) Die Hilfsstelle „Nacharbeit" wurde im Interesse der eigenen Flexibilität aufrechterhalten, obwohl bei der Planbeschäftigung von 130 Reparaturen monatlich ein externer Anbieter 10% weniger als die eigenen Personal- und Stromkosten verlangt hätte.
Ermitteln Sie demnach den (kalkulatorischen) Preis pro Reparatur auf dem (betriebsinternen) Absatzmarkt.

d) Berechnen und interpretieren (in Kürze) Sie nun - gegebenenfalls mit angenommenen Zwischenergebnis - die Erlösabweichung.

Aufgabe 8)

Im Speisegasthaus „Zum Oberhirschen" ist die Erfolgskontrolle des wichtigsten Gerichts „Schweinefilet á la Bredouille" angesagt. Man konzentriert sich unter Vernachlässigung insbesondere der Gemeinkosten auf die Kostenarten Personal und Fertigungsmaterial.

Planzahlen

- Verkauf von 1.000 Portionen zu einem Preis von 9,80 € pro Portion;

- pro Portion sind 5 min Arbeitszeit und 300 g Fleisch vorgesehen;

- 50 h Arbeitszeit waren für die Betriebsbereitschaft im Monat vorgesehen;

- Einkaufspreise 30,- € pro Stunde und 6, - € pro kg Fleisch.

Istzahlen

- Verkauf von 1.200 Portionen zu einem Preis von 9,00 € pro Portion;

- insgesamt wurden 160 h Arbeitszeit und 330 kg Fleisch verbraucht;

- Einkaufspreise 29,- € pro Stunde und 6,50 € pro kg Fleisch.

a) Berechnen Sie für die Kostenarten Personal und Fertigungsmaterial die outputmengenbedingte Über-/Unterschreitung variabler Kosten, die Verbrauchsabweichung und die Preisabweichung.

b) Berechnen Sie die Erlösabweichung.

c) Beurteilen Sie schematisch (mit konkreten Zahlenangaben in Euro), ob der für die Produktion zuständige Restaurantchef und die Marketing-Fachfrau, die den Verkauf mit Sonderaktionen „angeheizt" hat, gut oder schlecht für das Unternehmen gewirtschaftet haben.

d) Zerlegen Sie nun die Verbrauchsabweichung (VA) beider Kostenarten in zwei Komponenten:

- VA aufgrund veränderter Küchentechnik („Produktionsfunktion"),

- reale Einsparung oder Verschwendung bei gegebener neuer Produktionsfunktion.

Bereits seit mehreren Wochen wurde in der Küche ein „Meatpusher" eingesetzt (deshalb Einarbeitungsphase schon beendet). Das Fleisch wird sozusagen aufgeblasen und dadurch können nach Erfahrung anderer Kollegen 10% Fleisch-Einsatz eingespart werden. Dafür erfordere aber die Reinigung und Wartung des teuren Geräts 12 Stunden (fix) pro Monat.

Aufgabe 9)

Gegeben ist nachfolgende Übersicht von Plan- und Ist-Personalkosten für den Prozess „Arbeitskräfte anlernen" einer Fertigungshilfsstelle:

Planzahlen

Im 1. Quartal:
- 100 Anlernprozesse,
- 900 Lohnstunden á 50 €/h

Im 2. Quartal:
- 60 Anlernprozesse,
- 600 Lohnstunden á 50 €/h

Istzahlen

Im 2. Quartal:
- 90 Anlernprozesse,
- 850 Lohnstunden á 45 €/h

Hinweis:
Alle sonstigen Kosten des Anlernprozesses liegen in ihrer Grössenordnung erheblich unter den Personalkosten und sind in etwa gleichgeblieben; deshalb dürfen sie für eine Abweichungsanalyse vernachlässigt werden; ferner hat während des betrachteten Zeitraums keine Planrevision stattgefunden.

---

a) Ermitteln Sie die Höhe der fixen und proportionalen Plan-Personalkosten pro Quartal.

b) Berechnen Sie die outputmengenbedingte Über-/Unterschreitung variabler Kosten, die Verbrauchsabweichung und die Preisabweichung für das 2. Quartal.

c) Beurteilen Sie schematisch (mit Angaben in Euro und Stunden), ob die Produktionsabteilung gut oder schlecht gewirtschaftet hat.

d) Berechnen Sie die Erlösabweichung unter der Annahme, dass ein externer Anbieter 500 € pro Anlernprozess (Plan = Ist) verlangen würde (die bisher vernachlässigten anderen Kostenarten müsste weiterhin die betrachtete Fertigungsstelle tragen).

Aufgabe 10)

Gegeben ist der Plan-BAB pro Monat auf der übernächsten Seite. Es handelt sich um eine Firma, die bisher Fertigungsmaterial ausschliesslich „just in time" (JIT) bezog und deshalb keine eigene Materialkostenstelle führte.

Unter anderem wegen Terminproblemen bei der JIT-Anlieferung soll ab Herbst ein Lager wieder eingeführt und dessen Kosten als Materialgemeinkosten und/ oder Prozesskosten in der Kalkulation berücksichtigt werden.

a) Nach Fortschreibung der bisherigen Buchungszahlen ist ein Aufwand für Fertigungsmaterial von 3,2 Millionen Euro zu erwarten.

Nach Schätzungen der Controlling-Abteilung, die für das Projekt „Lager-Einführung" verantwortlich ist, ist der durchschnittliche Lagerbestand an Fertigungsmaterial mit 0,4 Millionen Euro zu bewerten und mit 12,0% p.a. zu verzinsen. Ferner müssen für Diebstahl, Lagerschäden usw. monatlich 0,6% des Lagerwerts kalkuliert werden.

Für Hilfsstoffe, Zwischen- und Endprodukte wird weiterhin kein Lager geplant. Berechnen Sie die Planzahlen für Zins und „Abschreibungen" auf Lagerbestände pro Monat (exakt würde man diese Kostenart „Beständewagnis" nennen).

b) Ferner sind für die neu einzuführende Materialkostenstelle folgende Kosten pro Monat geplant:

(1) primäre Kosten:		*(2) sekundäre Kosten:*	
Hilfslöhne:	15.000 €	**Umlage:**	1.000 qm á 8 €/qm
(zuzüglich entsprechende		*„Grundstücke*	
Sozialkosten!)		*und Gebäude"*	
Strom:	1.000 €		
Sonst. Energie:	3.000 €		

Ziemlich verursachungsgerecht hinsichtlich der Personalkosten lassen sich zwei cost drivers (Kostentreiber) identifizieren wie folgt:

- 40% der Personalkosten entstehen für die Einlagerung von 50 Anlieferungen.
- 60% der Personalkosten entstehen für 800 Materialbereitstellungsprozesse.

Begründen Sie kurz anhand von zwei Kostenarten aus a) und b), warum eine Verrechnung teils über Materialgemeinkosten-Zuschlagssatz, teils über Prozesskostensätze verursachungsgerechter ist als nur über Zuschlags- bzw. Prozesskostensätze.

c) Die Firmenleitung will die Lager-Einführung als innerbetriebliches Pilotprojekt für Prozesskostenrechnung gestalten und ordnet alle „Zweifelsfälle" als „leistungsmengenneutrale" (lmn) Kosten den über Prozesskostensätze zu verteilenden Kosten zu. Berechnen Sie nun

1. den Gesamt-Prozesskostensatz (inclusive lmn-Umlage) für 1 Anlieferung,

2. den Gesamt-Prozesskostensatz (inclusive lmn-Umlage) für 1 Materialdisposition,

3. den Zuschlagssatz für verbleibende Materialgemeinkosten (Zuschlagbasis: Kosten für Fertigungsmaterial).

d) Kalkulieren Sie nun die Materialkosten (als Summe aus Einzel-,Gemein- und Prozesskosten) eines Auftrages mit folgenden Positionen:

1. Fertigungsmaterial Sorte A, B und C je 50 kg á 80 €/kg;

2. anteilig 0,15 Anlieferungen;

3. 3 Materialbereitstellungen.

	Zahlen der Buchhaltung	Grundstücke u. Gebäude	Reparatur-betrieb	Werkzeug-macherei	Meister-bereiche	Produktionskostenstelle				Verwaltung und Vertrieb
						A	B	C	D	
Sozialkosten	1.200.000	12.000	80.000	108.000	50.000	320.000	80.000	160.000	240.000	150.000
Hilfslöhne	500.000	30.000	200.000	270.000	-	-	-	-	-	-
Gehälter	800.000	-	-	-	150.000	-	-	-	-	650.000
Hilfsstoffe	100.000	5.000	15.000	10.000	5.000	35.000	5.000	10.000	10.000	5.000
Strom	250.000	20.000	10.000	10.000	10.000	50.000	100.000	25.000	25.000	-
Sonst. Energie	100.000	40.000	-	-	-	-	-	-	60.000	-
Werkzeug	120.000	-	10.000	10.000	-	35.000	10.000	20.000	35.000	-
Instandhaltung	340.000	45.000	10.000	5.000	-	50.000	120.000	30.000	80.000	-
Abschreibungen	550.000	150.000	10.000	10.000	30.000	30.000	120.000	50.000	100.000	50.000
Zinsen	430.000	100.000	-	-	10.000	20.000	80.000	30.000	70.000	120.000
Summe	4.390.000	402.000	335.000	423.000	255.000	540.000	515.000	325.000	620.000	975.000
Umlage indir. Stellen		- 402.000	- 335.000	- 423.000	- 255.000	82.000 50.000 100.000 105.000	100.000 150.000 223.000 50.000	120.000 50.000 50.000	70.000 85.000 100.000 50.000	30.000
Summe	4.390.000	-	-	-	-	877.000	1.038.000	545.000	925.000	1.005.000
Fertigungslöhne	2.000.000	-	-	-	-	800.000	200.000	400.000	600.000	
Zuschlagssätze	220%	-	-	-	-	110%	520%	136%	154%	
Grenz-FGK		-	-	-	-	61%	157%	61%	75%	

Quelle: Jordan, unveröff. Berufungsvortrag

Aufgabe 11)

Gegeben ist der folgende Ausschnitt eines Betriebsabrechnungsbogen (Ist).

Kostenart / Kostenstellen	Summe	930 Allg. Hilfstelle	932 Fertigungs-hilfsstelle.	933 Fertigungsstellen A	934 B
920 Stoffkosten	232.000	8.000	1.000	23.000	29.000
922 Lohnkosten	300.000	8.000	6.000	10.000	14.000
924 Dienstleistungsk..	87.000	3.000	5.000	28.000	20.000
926 Abschreibungen	135.000	7.000		45.000	60.000
928 Steuern/Beitr.	61.000	1.000	1.000	2.000	3.000
929 Zinsen	60.000	3.000	0	18.000	24.000
Primäre Kosten	875.000	30.000	13.000	126.000	150.000
Umlage der Stelle 930		- 30.000	2.000	8.000	5.000
Umlage der Stelle 932			- 15.000	10.000	5.000
Summe	875.000	0	0	144.000	160.000
Zuschlagsbasis				FL A 120.000	FL B 80.000
Zuschlagssatz				120 %	200 %

Quelle: Moews, S.127

a) Eine bestimmte Produktart durchläuft in der Produktion nur die Fertigungsstelle B. Ein Durchschnittsauftrag dieser Produktart benötigt 50 Lohnstunden á 40 Euro/Stunde der Fertigungsstelle B.
Kalkulieren Sie die Ist-Fertigungskosten eines „Durchschnittsauftrags" dieser Produktart.

b) In einer Organisationsanalyse der Fertigungsstelle B ergab sich:

- Die Kostenarten Stoffkosten, Lohnkosten und Dienstleistungskosten wurden, da B hochautomatisiert ist, in erster Linie von Rüstprozessen verursacht.

- Im Mai fielen 240 Rüstprozesse an.

Ermitteln Sie den Ist-Prozesskostensatz pro Rüstprozess sowie den Zuschlagssatz für die <u>restlichen</u> Gemeinkosten von B.

c) Wie viele Rüstprozesse fielen demnach im Durchschnitt für einen „Durchschnittsauftrag"aus Aufgabe a) an, sofern Fertigungsstelle B nur von der untersuchten Auftragsart in Anspruch genommen wird?

d) Ferner wurde festgestellt, dass künftig durch geschicktere Produktionsplanung voraussichtlich 20% der Rüstprozesse eingespart werden können. Jedoch sind nur ein Drittel der Höhe der in b) genannten Kostenarten der Fertigungsstelle B proportional zur Zahl der Rüstprozesse, der Rest ist fix (beispielsweise Überwachung, Fortbildung über die Rüstprozesse).

Ermitteln Sie nun den Plan-Prozesskostensatz pro Rüstprozess, der weiterhin die gesamten Stoff-, Lohn- und Dienstleistungsgemeinkosten der Fertigungsstelle B zugerechnet bekommt.

e) Kalkulieren Sie nun die Plan-Fertigungskosten eines „Durchschnittsauftrags".

f) Nach dem Ergebnis der Organisationsanalyse gibt es nur Durchschnittsaufträge wie in Aufgabe a), die jeweils entweder 4 oder 5 Rüstprozesse benötigen. Kalkulieren Sie nun die Plan-Fertigungskosten für beide Arten von Durchschnittsaufträgen.

Aufgabe 12)

Gegeben ist der durchgerechnete Betriebsabrechnungsbogen

BAB für den Monat   Werte in Euro

Kostenstelle / Kostenart	Gesamt	allgem. Kosten-stelle	Fertigungsstelle A	Fertigungsstelle B	Material-stelle	Verw. u. Vertr.-S.
Summe I	15.400	200	8.700	4.900	1.000	600
Umlage Allgem. Kostenstelle	-	⤷	100	100	-	-
Summe II	15.400	-	8.800	5.000	1.000	600
Ausgleich	-	-	+ 200	./. 200	-	-
Summe III	15.400	-	9.000	4.800	1.000	600
Fertigungslohn	14.100	-	4.500	9.600	-	-
Fertigungsmaterial	20.000	-	-	-	20.000	-
Herstellkosten	48.900	-	-	-	-	48.900
Zuschlagssätze in %	-	-	200%	50%	5%	1,2%

Quelle: Preissler/Dörrie, S.228

a) Kalkulieren Sie die „Selbstkosten" (= Herstellkosten + Verwaltung-/Vertriebskosten-zuschlag) eines Auftrags, der nach Angaben der Arbeitsvorbereitung

- 6 Stunden Fertigungslohn Stelle A á 40 €/h,
- 5 Stunden Fertigungslohn Stelle B á 60 €/h und
- 10 kg Fertigungsmaterial á 12 €/kg benötigt.

> Hinweis:
>
> Sie können alle benötigten Zuschlagsätze aus dem BAB entnehmen!

b) Die Firma beschließt nun, die Rüstvorgänge (also beispielsweise das Einspannen neuer Werkzeuge und Werkstücke an den Maschinen) der Fertigungsstelle A mit Prozesskostenrechnung zu kalkulieren, da dort der Gemeinkosten-Zuschlagsatz besonders hoch ist. Ermitteln Sie den Kostensatz für einen Prozess „Rüsten" für Kostenstelle A nach folgenden Angaben:

- Aufgrund des manuellen Rüstvorgangs werden nur die Hilfslöhne inklusive darauf entfallender Sozialabgaben berücksichtigt; diese betragen 40% der „Summe I" der betreffenden Kostenstelle.
- Pro Monat fallen in der Kostenstelle 145 Rüstvorgänge an.

c) Ermitteln Sie den Zuschlagsatz für die verbliebenen Gemeinkosten der betreffenden Fertigungsstelle. Fertigungsstelle A liefert an B 10%, B an A 20% ihrer Leistung.

d) Kalkulieren Sie nun den Auftrag aus Aufgabe **a)** neu unter der Voraussetzung, dass für den Auftrag 5 Rüstvorgänge benötigt werden.

> Hinweis:
>
> Die Prozesskosten nicht noch mal mit Zuschlag für Rest-Gemeinkosten belasten, sondern als Sondereinzelkosten der Fertigung kalkulieren!

Aufgabe 13)

Ein Unternehmen **plant** für den internen Prozess „Datensicherung eines Arbeitsplatzrechners mit Datenabgleich zur Gross-EDV" pro Monat:

(1) je 1 Datensicherungs-Prozess für jeden der 50 Rechner;

(2) 2,0 Lohnstunden á 100 €/h pro Datensicherungs-Prozess. Diese werden hier als 100%ig proportional unterstellt, da das Personal voll ausgelastet und für andere Projekte einsetzbar ist, wenn sich die Zahl der Datensicherungs-Prozesse ändert.

(3) EDV-Kosten in Höhe von 30.000 € für alle Datensicherungs-Prozessse zusammen (davon 90% fix für AfA, Zins u. ä.; Rest proportional für Verbrauchsmaterial, Fahrtkosten u.ä.).

(4) Ein zuverlässiges externes Ingenieurbüro würde 750 € pro Datensicherungs-Prozess verlangen.

Im Abrechnungsmonat Dezember ergaben sich folgende **Ist**-Informationen:

(1) In einer Betriebsvereinbarung mit Wirkung ab 1.12. wurde die Wochenarbeitszeit in der EDV-Abteilung von 38 auf 40 Stunden ohne Lohnausgleich erhöht.

(2) Für die gesamten Datensicherungs-Prozesse wurden benötigt:
- 160 Lohnstunden;
- 31.000 € EDV-Kosten.

(3) Das durchschnittliche Preisniveau für EDV-Kosten ist um 5 % gegenüber dem Plan gesunken.

(4) Allerdings musste wegen eines Computervirus für die Hälfte der Arbeitsplatzrechner die Datensicherung 2-mal gemacht werden.

(5) Das Preisniveau des externen Ingenieurbüros ist gleich geblieben.

a) Berechnen Sie die Erlösabweichung.

b) Berechnen Sie für die Personalkosten die outputmengenbedingte Über-/ Unterschreitung variabler Kosten, die Verbrauchsabweichung, den Lohnsatz in €/h (s. Ist-Information (1); notfalls für die Preisabweichung schätzen!) und die Preisabweichung.

c) Berechnen Sie für die EDV-Kosten die outputmengenbedingte Über-/Unterschreitung variabler Kosten, die Verbrauchsabweichung und die Preisabweichung.

Hinweis:

Definieren Sie Plan- und Istpreis passend, um Ist-Information (3) zu berücksichtigen; notfalls für die Verbrauchsabweichung ignorieren!

---

d) Hat die EDV-Abteilung insgesamt - schematisch betrachtet - sparsam oder verschwenderisch gewirtschaftet (mit konkreten Zahlenangaben!)?

e) Beurteilen Sie, ob sich - rein quantitativ! - die Entscheidung gelohnt hat, die zusätzlichen Datensicherungen wegen Computervirus betriebsintern durchzuführen.

Aufgabe 14)

Gegeben ist der zusammengefasste Betriebsabrechnungsbogen für den - als „normal" angesehenen - Monat Oktober.

Kostenträger- gemeinkosten	Vor-Kostenstelle Allgemeine Kostenstelle	End-Kostenstelle				
		Material	Fertigung I	Fertigung II	Verwaltung	Vertrieb
Gehälter gesetzl. Sozialleistung kalkulatorische Abschreibungen usw.						
Primärkosten	60.000	90.000	170.000	85.000	35.000	15.000
Innerbetriebliche Leistungen	➞	10.000	20.000	10.000	15.000	5.000
Summe Gemeinkosten je Endkostenstelle		100.000	190.000	95.000	50.000	20.000
Zuschlagbasen: *(Einzelkosten)* a) Fertigungsmaterial b) Fertigungslöhne I c) Fertigungslöhne II *(Sondereinzelkosten)* d) Herstellkosten (= Einzelkosten und Gemeinkosten des Materials und der Fertigung)		400.000	100.000 (10.000)	100.000 (5.000)	1.000.000	(30.000) 1.000.000
Gemeinkosten- zuschlagsätze		25%	190%	95%	5%	2%

Quelle :Heinen, S. 1225

a) Kalkulieren Sie - hinsichtlich der Gemeinkosten zunächst auf der Basis der Istzahlen - die Herstellkosten eines Auftrages, für den folgende Kosten geplant sind:

- Fertigungsmaterial 4000 €
- Fertigungslöhne I 2.000 €
- Fertigungslöhne II 1.200 €
- Lizenzgebühr 1000 € *(als Sondereinzelkosten der Fertigung I)*

b) Aufgrund der Organisationsanalyse ergab sich:

(1) Bisher wurden Qualitätskontrollen in der Material- und in den Fertigungskostenstellen durchgeführt. Die Konzentration der Qualitätskontrolle in der Endkostenstelle „Material" führt in Zukunft zu

- Senkung der Primärkosten in den Fertigungsstellen um jeweils 10%
- Erhöhung der Primärkosten in der Materialkostenstelle um 15%.

(2) 60% der in Zukunft erwarteten Primärkosten der Materialstelle fallen für die Qualitätskontrolle an, davon

- ein Drittel für die monatlichen 46 Auswertungen,
- zwei Drittel für die monatlichen 828 Messungen.

Sonst wird erwartet, dass die künftigen Zahlen den gegebenen Istwerten entsprechen.

Berechnen Sie die Plan-Zuschlagsätze für die beiden Fertigungsstellen und die Prozesskostensätze für die leistungsmengeninduzierten Kosten der Prozesse „Auswertung" und „Messungen".

c) Entscheiden Sie sich hinsichtlich der restlichen Gemeinkosten der Materialstelle für eine der Alternativen

- Verrechnung über Rest-Gemeinkostenzuschlagssatz oder
- Verrechnung als „leistungsmengenneutral" innerhalb von Gesamt-Prozesskostensätzen.

Vorausgesetzt ist die Information, dass die Materialausgabe innerhalb des Betriebs weitgehend automatisiert ist, die verbleibenden Gemeinkosten also vor allem für die Kostenarten (kalkulatorischer) Zins, Beständewagnis und AfA (auf das aufwendige Regallagersystem) anfallen.

Berechnen Sie nun - je nach Ihrer Entscheidung - den Rest-Gemeinkostenzuschlagssatz oder die Gesamt-Prozesskostensätze (inklusive „lmn"-Umlage).

d) Kalkulieren Sie nun den in a) kalkulierten Auftrag neu unter Verwendung der Information: Der Auftrag erfordert eine Stichprobenprüfung (Stichprobengröße 5), also demnach eine Auswertung und fünf Messungen.

e) Wenn jede Prüfung zu genau einer Auswertung, aber in der Regel mehreren Messungen führt, wie groß ist dann der durchschnittliche Stichprobenumfang (= durchschnittliche Zahl der Messungen) pro Prüfung?

Aufgabe 15)

Eine Psychologin arbeitete je ein halbes Jahr verdeckt als Aushilfs-Chefsekretärin unter einem demokratischen Chef und einem autoritären Chef. Sie will u.a. herausfinden, wie viel verschiedene Aktivitäten bei den verschiedenen Cheftypen für das jeweilige Unternehmen kosten.

Ihre Aufgaben bei Chefs waren:

„leistungsmengeninduziert (lmi)":	*„leistungsmengenneutral (lmn)":*
• Psychologisches Chefgespräch, • Fachliches Chefgespräch, • Geschäftsbrief, • Terminvereinbarung	• Sonstiger Kleinkram (Ablage, Kaktus gießen etc.)

Unter anderem fielen im „lmi"-Bereich kalkulatorische AfA und Zins für folgende betriebsnotwendige Vermögensgegenstände an:

- *Sigmund-Freud-Gedächtnis-Couch*
  (Wiederbeschaffungspreis 12.000 Euro, Nutzungsdauer 10 Jahre, danach Schrottwert 0 €; wurde nur für den autoritären Chef beschafft),

- *Super-Highspeed-Extrascharf-Multimedia-Anlage*
  (Wiederbeschaffungspreis 54.000 Euro, Nutzungsdauer 3 Jahre, danach Schrottwert 0 €; von beiden Chefs benutzt).

a) Errechnen Sie näherungsweise kalkulatorische AfA und Zins pro Monat (bitte für Couch und Multimedia getrennt!), wenn als realistischer Kapitalmarkt-Zinssatz 6% p.a. angenommen wird.

b) Berechnen Sie nun Prozesskostensätze (zunächst nur „lmi") für die beiden Cheftypen und die vier oben genannten cost drivers (also psychologische Chefgespräche usw.) unter folgenden Annahmen:

- „lmi" Kostenarten sind nur kalkulatorische AfA+Zins und Personalkosten.

- Die Couch wird nur für psychologische Chefgespräche genutzt.

- Die Multimedia-Anlage wird bei beiden Chefs zu zwei Dritteln (66,67%) für Geschäftsbriefe, zu einem Drittel (33,33%) für Terminvereinbarungen genutzt.

- Die Bruttopersonalkosten der Sekretärin betrugen unter beiden Chefs jeweils 60 €/Stunde.

Beim demokratischen Chef fielen pro Monat folgende Stunden der Sekretärin an:	Beim autoritären Chef fielen pro Monat folgende Stunden der Sekretärin an:
• null Stunden für psychologische Chefgespräche,	• 70 Stunden für 14 psychologische Chefgespräche,
• 60 Stunden für 20 fachliche Chefgespräche,	• 30 Stunden für 15 fachliche Chefgespräche,
• 30 Stunden für 60 Geschäftsbriefe,	• 60 Stunden für 120 Geschäftsbriefe,
• 50 Stunden für 250 Terminvereinbarungen.	• 25 Stunden für 125 Terminvereinbarungen.

c) Wieso unterscheiden sich die Prozesskostensätze für Geschäftsbriefe, obwohl unter beiden Chefs pro Brief eine halbe Stunde Arbeitszeit benötigt wird ?

d) Errechnen Sie nun Gesamt-Prozesskostensätze für die beiden Cheftypen und die vier oben genannten cost drivers (also psychologische Chefgespräche usw.) inclusive folgender, bei beiden Chefs gleich hoher „lmn" Kosten:

- allgemeine Verwaltungskosten für Büro-Material usw. von jeweils 1.000 Euro pro Monat,

- 20 Stunden á 60 Euro/Stunde für „lmn" Arbeitszeiten.

Kapitel 8

Lösungen

Lösung 1)

a) Die Umlage der Kostenstelle „Fuhrpark 1.0" betrifft nicht den hier analysierten innerbetrieblichen Transport. Demnach sind 30% der im BAB ausgewiesenen Summe in Zeile 10 das gesamte Kostenvolumen für den Hauptprozess „Materialbereitstellung", also:

0,3 * 176.000 € = 52.800 €.

Hiervon entfallen je ein Drittel, also je 17.600 € auf die 3 genannten Teilprozesse. Die (in der PKR übliche) Divisionskalkulation ergibt folgende Prozesskostensätze:

17.600 € /	2.200	Dispositionen	=	8,00	€/Disposition
17.600 € /	8.800	Prüfungen	=	2,00	€/Prüfung
17.600 € /	352	Fahrten	=	50,00	€/Fahrt

b) Von den in Zeile 14 ausgewiesenen Gemeinkosten inclusive Fuhrparkumlage in Höhe von 188.000 € wurden 52.800 € als lmi bzw. cdi kalkuliert; der Rest ist als lmn bzw. cdn unterstellt.

Demnach beträgt der lmn/cdn-Umlagesatz:

(188.000 € - 52.800 €) / 52.800 € = 256,06%,
also die Gesamt-Prozesskostensätze

3,5606 *	8,00	=	28,48	€/Disposition
3,5606 *	2,00	=	7,12	€/Prüfung
3,5606 *	50,00	=	178,03	€/ Staplerfahrt

Hinweis: Zuschlagsfaktor = 1 + Zuschlagssatz = 1 + 2,5606

c)

Materialeinzelkosten (Fertigungsmaterial) A =	100 * 5,0 =	500,00
Materialeinzelkosten (Fertigungsmaterial) B =	200 * 8,0 =	1.600,00

Materialeinzelkosten gesamt	*2.100,00*

Disposition A	=	28,48
Disposition B	=	28,48
100,0 Prüfungen A	= 100 * 7,12 =	712,12
200,0 Prüfungen B	= 200 * 7,12 =	1.424,24
0,1 Staplerfahrten	= 0,1 * 78,03 =	17,80

Material-Prozesskosten gesamt	=	=	*2.211,12*
Materialkosten gesamt		=	**4.311,12**

d) Ich wähle hier beispielhaft die Prüfung, wo man wegen des insgesamt (zumindest im Beispiel) recht hohen Kostenanteils einen relativ geringen Fehler vermuten könnte.

Dann ergibt sich bei Verwendung nur dieses einen cost driver

- ein Prozesskostensatz von 52.800 € / 8.800 Prüfungen = 6,00 € / Prüfung

- ein Gesamt-Prozesskostensatz von 3,5606 * 6,00 € / Prüfungen = 21,36 € / Prüfung

Da insgesamt 300 Prüfungen stattfinden, ergäben sich als Material-Prozesskosten gesamt:
*300 Prüfungen * 21,36 € / Prüfung = 6.408,00 €*
(bzw. bei Verwendung ungerundeter Zwischenwerte: 6.409,09 €).

D.h. der gegebene, "prüfungs-intensive" Auftrag würde behandelt, als erforderte er auch viele Dispositionen und Staplerfahrten!

Hinweis:

Bei Verwendung der Lagerdispositionen als einzigem cost driver würden die Prozesskosten gesamt mit 170,91 € entsprechend viel zu niedrig ausgewiesen, noch ausgeprägter bei Verwendung der Staplerfahrten mit 53,41 €. Rechenmethodik analog zu o.g. Beispiel.

Das Beispiel zeigt, dass ein Vernachlässigen bekannter Einflussgrößen die quantitativen Ergebnisse total verfälscht. Dies gilt auch für Durchschnittsbildung im Sinne des arithmetischen Mittels, wenn beispielsweise ein Hauptprozess „Materialbereitstellung" aus x % Dispositions-, y % Prüfungs- und z % Staplerfahrt-Kosten gebildet würde.

Lösung 2)

a) Verbrauchsabweichung (VA) = - 100 € bedeutet: es wurde unwirtschaftlich mit der Arbeitskraft umgegangen, bzw. man hat 2 Stunden zuviel verbraucht. Hierfür hat sich die Produktionsabteilung zu verantworten.

Preisabweichung (PA) = + 530 € bedeutet: Arbeitskraft wurde günstig eingekauft, nämlich zu einem um 10% niedrigeren Stundensatz. Dies wird schematisch als Verdienst der Personalabteilung interpretiert.

b) Die billigeren Arbeitskräfte waren weniger qualifiziert und brauchten deshalb 2 Stunden mehr; in diesem Falle wäre der gesamte Saldo VA + PA = + 430 € der Personalabteilung zuzurechnen.Oder: Die Preisabweichung beruhte auf einer Betriebsvereinbarung, um Arbeitsplätze zu sichern. Sie war vom Controlling nicht in die Planung übernommen worden. Es lag also kein Verdienst der Personal-, sondern ein Versäumnis der Planungsabteilung vor.

c) Entsprechend dem Aufgabentext kann sinnvollerweise gemeint sein, das Kriterium zur schematischen Bewertung des Vertriebs solle überhaupt positiv, also > 0 € sein. Alternativ ist eine Interpretation in dem Sinne möglich: „Für welchen Istpreis auf dem Absatzmarkt wird das Kriterium gerade = + 300 € wie in Schema I?" Ich verwende hier als allgemeineren Fall die erste Annahme, was zu folgendem Ansatz führt:

eBA	+ Erlösabweichung	> 0
eBA	+ Isterlös - Planerlös	> 0

unter Berücksichtigung von Schema II:

$$- 200 € + 1.100 St. * X €/St. - 1.000 St. * 10 €/St. > 0$$

$$X = 10.200 € / 1.100 Stück$$

$$X = 9,2727 €/Stück bzw. aufgerundet \underline{9,28 €/Stück}$$

Interpretation:
Eine Politik der Mengenausweitung (gegenüber dem Plan) auf dem Absatzmarkt lohnt sich angesichts der gegebenen Kostenfunktion nur, wenn der Preis nicht unter (bei Preisangabe in vollen Cent) 9,28 € sinkt!

Lösung 3)

a) Die Verbrauchsabweichungen von -600 € und -575 € zeigen, dass die Abteilung „Telefonmarketing" zu viele Arbeitsstunden und Telefoneinheiten verbraucht, also vermutlich schlecht gewirtschaftet hat.

Die Preisabweichung der Personalkosten in Höhe von +580 € zeigt, dass die Personalabteilung billig „eingekauft", also vermutlich gut gewirtschaftet hat.

b) Da der Saldo der Verbrauchsabweichungen und der Preisabweichung der Kostenart Personal

$= -600 € -575 € +580 € = -595 €$

negativ ist, hat sich die scheinbare Einsparung beim Stundensatz nicht gelohnt (die Abteilung „Telefonmarketing" hat dies nicht zu vertreten).

c) Ausgehend vom Ansatz

Erlösabweichung   =   Isterlös   -   Planerlös   >=

|outputmengenbedingte Überschreitung var. Kosten(Personal)

+outputmengenbedingte Überschreitung var. Kosten(Telefon)|

Istmenge$_{Absatz}$ * Istpreis$_{Absatz}$ - Planmenge$_{Absatz}$ * Planpreis$_{Absatz}$ =

x Abschlüsse * 270 €/Abschl. - 100 Abschlüsse * 300 €/Abschl. =

x Abschlüsse * 270 €/Abschl. - 30.000 €/Abschl. >= |-3000 € + (-1725 €)|

$x >= 128.6 (Abschlüsse)$

Da x ganzzahlig sein muss, und angesichts der Fragestellung immer aufzurunden ist, lautet die Antwort: *mindestens 129 Abschlüsse.*

Lösung 4)

a)

Kostenart:*Personal*

Plankosten	=	(20 h + 0,02 h/Prüf. * 800 Prüf.) * 50 €/h	= 1.800,00 €
echte Beschäftigungsabweichung	=		= - 80,00 €
Sollkosten	=	(20 h + 0,02 h/Prüf. * 880 Prüf.) * 50 €/h	= 1.880,00 €
Verbrauchsabweichung	=		= + 30,00 €
„Istkosten zu Planpreisen"	=	37 h * 50 €/h	= 1.850,00 €
Preisabweichung	=		= + 74,00 €
Istkosten	=	37 h * 48 €/h	= 1.776,00 €

Kostenart: *Verbrauchsmaterial*

Plankosten	=	1 kg/Prüf. * 800 Prüf. * 7 €/kg	=	5.600,00 €
echte Beschäftigungsabweichung	=		=	- 560,00 €
Sollkosten	=	1 kg/Prüf. * 880 Prüf. * 7 €/kg	=	6.160,00 €
Verbrauchsabweichung	=		=	-140,00 €
„Istkosten zu Planpreisen"	=	900 kg * 7 €/kg	=	6.300,00 €
Preisabweichung	=		=	0 €
Istkosten	=	900 kg * 7 €/kg	=	6.300,00 €

b)

Erlöse:

(Planerlös)	Planmenge $_{Absatz}$ * Planpreis $_{Absatz}$	= 800 Prüf. * 10 €/Prüf.	=	8.000,00 €
Erlös-abweichung			=	+ 800,00 €
(Isterlöse)	Istmenge $_{Absatz}$ * Istpreis $_{Absatz}$	= 880 Prüf. * 10 €/Prüf.	=	8.800,00 €

c) Kriterium ist der Saldo aus eBA aller Einzelkosten der Prüfungen und Erlösabweichung, also:

- 80 – 560 + 800 = + 160,00 (€)

Somit verursachten die 80 zusätzlichen Prüfungen zwar Mehrkosten von insgesamt 640 €, ersparten aber gegenüber externer Auftragsvergabe 800 €.

Die Erledigung im Hause hat sich also – rein unter Kostenaspekt – gelohnt. Da laut Aufgabentext auf lange Sicht die Planwerte realistisch sind, ist hier das Kriterium der Plan-Deckungsbeitrag (II) der Qualitätskontrolle im Vergleich zur externen Vergabe aller 800 Prüfungen, also:

Planerlös   -   Plankosten(Pers.)   -   Plankosten (Mat.)

8.000 -	1.800 -	5.600 =	+ 600 (€)

Rein finanziell lohnt sich also die Aufrechterhaltung der eigenen Qualitätskontrolle.

> Hinweis:
> In vielen praktischen Fällen zeigt dagegen eine Diskrepanz zwischen Plan- und Istwerten, dass die Plankosten und –erlöse beispielsweise für das darauf folgende Jahr neu prognostiziert werden müssen.

d1) Stiege im gegebenen Fall die Prozessmenge um 10%, weil die Absatzmenge von Endprodukten entsprechend (bei geschickter Qualitätskontrolle vielleicht noch stärker) wüchse, so wäre das bei hinreichend hohen Absatzpreisen – bezogen auf die Mengenerhöhung beim Endprodukt müsste die Erlösabweichung betragsmässig grösser sein als die eBA – für das Unternehmen gut (ob auch für die Umwelt oder den Weltfrieden, ist eine andere Frage!).

Beruht dagegen der Anstieg auf häufigerer Kontrolle wegen Qualitätsproblemen, dann ist das fürs Unternehmen schlecht, aber: die interne Erledigung ist wenigstens kostengünstiger!

d2) Der hier angesprochene Fall Plankosten < Planerlöse und eBA > Erlösabweichung setzt einen nichtlinearen Kosten- und/oder Erlösverlauf voraus. Denn wenn Kosten- und Erlösfunktionen weiterhin linear blieben, würden sich Zusatzaufträge wegen des Überschreitens der variablen Kosten lohnen: 10 € Erlös durch Einsparung einer externen Prüfung sind mehr als 1 € variable Personal- + 7 € Materialkosten pro Prüfung. Zwischenergebnis: Bei den bisher gegebenen Zahlen wäre kurzfristig

- jede Erhöhung der Prozessmengen (solange die Kapazitäten ausreichen!) wirtschaftlich günstig, denn mit 8 € zusätzlichen Kosten würden 10 € (betriebsinterner) Umsatz erzielt;

- jede Senkung wäre entsprechend ungünstig zu beurteilen (vgl. jedoch Teilaufgabe d1!).

Da hier das Verbrauchsmaterial für die 800 auch in den schwächeren Monaten nötigen Prüfungen zum Preis von 7 €/kg gesichert ist (etwa durch langfristigen Liefervertrag), ist lediglich das Kriterium aus Teilaufgabe c) anzuwenden, allerdings mit x als nunmehr unbekanntem Preis für die zusätzlichen Materialmengen, also:

Erlösabweichung – eBA(Pers.) – eBA(Mat.) < 0 → besser extern vergeben!

*80 Prüf. * 10 €/Prüf. – 80 Prüf. * 0,02 h/Prüf. * 50 €/h – 80 Prüf. * 1 kg/Prüf. **
*X = 800 € – 80 € – 80 kg * x < 0 → x > 9 €/kg*

Etwas schneller könnten Sie dies Ergebnis natürlich erzielen, wenn Sie Erlöse und variable Kosten gleich pro Stück verglichen hätten. Der obige Lösungsweg wurde dokumentiert, da er sich am nächsten an den Standardformeln der Plankostenrechnung orientiert.

Lösung 5)

a)

Kostenart: *Personal*

Plankosten	=	170 * 28	=	4.760,00 €
echte Beschäftigungsabweichung	=		=	- 969,23 €
Sollkosten	=	(120 + 50 * 22/13) * 28	=	5.729,23 €
Verbrauchsabweichung	=		=	- 430,77 €
„Istkosten zu Planpreisen"	=	220 * 28	=	6.160,00 €
Preisabweichung	=		=	- 440,00 €
Istkosten	=	220 * 30	=	6.600,00 €

Kostenart: *Treibstoff*

Plankosten	=	11.700 * 0,50	=	5.850,00 €
echte Beschäftigungsabweichung	=		=	-4.050,00 €
Sollkosten	=	11.700 * 22/13 * 0,50	=	9.900,00 €
Verbrauchsabweichung	=		=	-1.100,00 €
„Istkosten zu Planpreisen"	=	22.000 * 0,50	=	11.000,00 €
Preisabweichung	=		=	+ 440,00 €
Istkosten	=	= 22.000 * 0,48	=	10.560,00 €

b)

Erlöse:

(Planerlös)	Planmenge $_{Absatz}$ * Planpreis $_{Absatz}$	= 13 * 2.000	=	26.000,00 €
Erlösabweichung			=	+ 15.800,00 €
(Isterlöse)	Istmenge $_{Absatz}$ * Istpreis $_{Absatz}$	= 22 * 1.900	=	41.800,00 €

c) Der Fahrer ist verantwortlich für die „Produktion" der Transportleistungen, da er Arbeitszeiten und Kilometer beeinflussen kann (die Fahrweise ja erst recht!).
Er wird beurteilt anhand VA(Personal)+VA(Treibstoff) =
-430,77 – 1.100,00 = - 1.530,77 (€).
Schematisch betrachtet hat er verschwenderisch gewirtschaftet.

Der Vertrieb verursacht einerseits bessere Auslastung, also die positive Erlösabweichung = + 15.800 €; andererseits die variablen Mehrkosten („echte Beschäftigungsabweichung") aller Kostenarten, also
– 969,23 - 4.050,00 = -5.019,23 €.
Im Saldo wurde also der Deckungsbeitrag um 10.780,77 € verbessert.
Die Entscheidung des Vertriebs war also wirtschaftlich richtig.

d) *Plankosten neu:*

Die Planmenge für reines Fahren wäre 13 Transporte * 10 h/Transporte = 130 h.
Da 170 h die Mindestarbeitszeit von Jensen sind, beträgt die Planmenge 170 h.
Mathematisch gesagt: Planmenge$_{Einkauf}$ =
max. (10 h/Transport * Planmenge$_{Absatz}$; 170 h)
Plankosten = 170 h * 28 €/h = <u>*4.760 €.*</u>

Sollkosten neu:

Die Sollmenge beträgt 22 Transporte * 10 h/Transporte = 220 h
(die Mindestmenge von 170 h ist ja überschritten!)
Sollkosten = 220 h * 28 €/h = <u>*6.160 €.*</u>

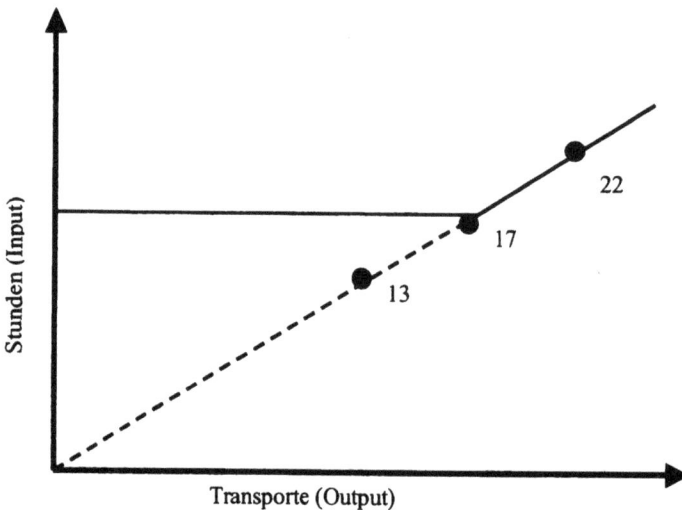

Lösung 6)

a)

Kostenart: *Personal*

Plankosten	=	(40 h + 0,04 h/km * 3.000 km) * 30 €/h	= 4.800,00 €
echte Beschäftigungs-abweichung	=		= - 3.600,00 €
Sollkosten	=	(40 h + 0,04 h/km * 6.000 km) * 30 €/h	= 8.400,00 €
Verbrauchs-abweichung	=		= +1.200,00 €
„Istkosten zu Planpreisen"	=	240 h * 30 €/h	= 7.200,00 €
Preisabweichung	=		= - 480,00 €
Istkosten	=	240 h * 32 €/h	= 7.680,00 €

Kostenart: *Treibstoff*

Plankosten	=	9 l/100 km * 30 * 100 km * 1,50 €/l	= 405,00 €
echte Beschäftigungs-abweichung	=		= - 405,00 €
Sollkosten	=	9 l/100 km * 60 * 100 km * 1,50 €/l	= 810,00 €
Verbrauchs-abweichung	=		= + 90,00 €
„Istkosten zu Planpreisen"	=	8 l/100 km * 60 * 100 km * 1,50 €/l	= 720,00 €
Preisabweichung	=		= - 72,00 €
Istkosten	=	8 l/100 km * 60 * 100 km * 1,65 €/l	= 792,00 €

b)

Erlöse:

(Planerlös)	Planmenge $_{Absatz}$ * Planpreis $_{Absatz}$	= 3.000 km * 1,80 €/km =	5.400,00 €
Erlös-abweichung		=	+5.400,00 €
(Isterlöse)	Istmenge $_{Absatz}$ * Istpreis $_{Absatz}$	= 6.000 km * 1,80 €/km =	10.800,00 €

c) Der Chauffeur ist verantwortlich für die „Produktion" der Transportleistungen. Er wird beurteilt anhand VA(Personal)+VA(Treibstoff)

$$= +1.200 + 90 = + 1.290 \ (\text{€}).$$

Schematisch betrachtet hat er sparsam gewirtschaftet; er ist also schnell (→ weniger Stunden) und Benzin sparend (8 statt 9 l/100 km) gefahren.

Die Entscheidung für die betriebsinterne Leistungserbringung hat ausgelöst:

- als Einsparung gegenüber einer möglichen Vergabe nach außen die Erlösabweichung von +5.400 €;

- dementsprechende Mehrkosten in Höhe von eBA(Personal) +eBA(Treibstoff) = 3.600 – 405 = -4.005 €.

Im Saldo ist also der Deckungsbeitrag um *+5.400 – 4.005 = +1.395 €* gestiegen.

Der DB wird hier besser zur „relativen Einzelkostenrechnung" als zur herkömmlichen Deckungsbeitragsrechung passend definiert als Umsatz minus Einzelkosten.

d) Tatsächlich wurden 240 statt geplanter 160 Chauffeur-Stunden gebraucht. D.h. der Stundensatz könnte durch Überstundenzuschläge und/oder Einsatz teurer Leiharbeiter gestiegen sein. Der höhere Arbeitseinsatz beruht jedoch auf mehr/längeren Fahrten, nicht auf „zu teurer" Personalbeschaffung.

Lösung 7)

a) Kostenart: *Personal*

Planmenge$_{Einkauf}$	*	*Planpreis$_{Einkauf}$*

$= 280$ h   *   50 €/h

$\underline{= 14.000\ \text{€}}$

$$\begin{array}{l} 14.000\ \text{€} \\ \underline{-\ 15.950\ \text{€}} \\ \underline{-\ 1.950\ \text{€}} \end{array}$$ *outputmengenbedingte Überschreitung variabler Kosten*

| $Sollmenge_{Einkauf}$ | * | $Planpreis_{Einkauf}$ |

$= (85 + 195* 156 / 130)h$ *   50 €/h
$\underline{\underline{= 15.950\ €}}$

$$\begin{array}{r} 15.950\ € \\ -\ 15.000\ € \\ \hline \underline{= +\ 950\ €}\ \ Verbrauchsabweichung \end{array}$$

| $Istmenge_{Einkauf}$ | * | $Planpreis_{Einkauf}$ |

$= 300\ h$ *   50 €/h
$\underline{\underline{= 15.000\ €}}$

$$\begin{array}{r} 15.000\ € \\ -\ 15.750\ € \\ \hline \underline{-\ 750\ €}\ \ Preisabweichung \end{array}$$

| $Istmenge_{Einkauf}$ | * | $Istpreis_{Einkauf}$ |

$= 300\ h$ *   52,50 €/h
$\underline{\underline{= 15.750\ €}}$

Kostenart: *Strom*

| $Planmenge_{Einkauf}$ | * | $Planpreis_{Einkauf}$ |

$= 1.500\ kWh$ *   0,20 €/kWh
$\underline{\underline{= 300\ €}}$

$$\begin{array}{r} 300\ € \\ -\ 352\ € \\ \hline \underline{-\ 52\ €}\ \ outputmengenbedingte \end{array}$$
Überschreitung variabler Kosten

| $Sollmenge_{Einkauf}$ | * | $Planpreis_{Einkauf}$ |

$= (200 + 1.300 * 156 / 130)kWh$ *   0,20 €/kWh
$\underline{\underline{= 352\ €}}$

$$\begin{array}{r} 352\ € \\ -\ 380\ € \\ \hline \underline{-\ 28\ €}\ \ Verbrauchsabweichung \end{array}$$

131

$Istmenge_{Einkauf}$	*	$Planpreis_{Einkauf}$

$= 1.900 \text{ kWh}$ * $0,20 \text{ €/h}$
$= \underline{380 \text{ €}}$

$$\begin{array}{r} 380 \text{ €} \\ - 380 \text{ €} \\ \hline = \underline{0 \text{ €}} \text{ Preisabweichung} \end{array}$$

$Istmenge_{Einkauf}$	*	$Istpreis_{Einkauf}$

$= 1.900 \text{ kWh}$ * $0,20 \text{ €/h}$
$= \underline{380 \text{ €}}$

b) Die Produktionsabteilung wird schematisch beurteilt anhand der Verbrauchsabweichung (VA). Insgesamt ist die
$VA = VA \text{ (Personal)} + VA \text{ (Strom)} = \underline{+ 922,00 \text{ Euro}}$.
Also hat - schematisch gesehen - die Produktion sparsam gewirtschaftet.

c) Die gesamten Plankosten für Personal + Strom betrugen
$14.000 \text{ €} + 300 \text{ €} = \underline{14.300 \text{ €}}$, also pro Reparatur
$14.300 \text{ €}/130 \text{ Reparaturen} = \underline{110 \text{ €/Reparatur}}$.

Da der externe Anbieter 10% weniger verlangt, beträgt der kalkulatorische Preis (bewertet an den vermiedenen Kosten) $110 \text{ €} * 0,9 = \underline{99 \text{ €/Reparatur}}$.

d)

$Planmenge_{Absatz}$	*	$Planpreis_{Absatz}$

$= 130 \text{ Reparaturen}$ * 99 €/Reparatur

$= \underline{12.870 \text{ €}}$

$$\begin{array}{r} 15.444 \text{ €} \\ - 12.870 \text{ €} \\ \hline \underline{+ 2.574 \text{ €}} \text{ Erlösabweichunng} \end{array}$$

$Istmenge_{Absatz}$	*	$Istpreis_{Absatz}$

$= 156 \text{ Reparaturen}$ * 99 €/Reparatur
$= \underline{15.444 \text{ €}}$

Interpretation: Wegen der beträchtlichen Kosten für die Betriebsbereitschaft wäre ein Auslagern der zusätzlichen angefallenen Reparaturen zum externen Anbieter nicht lohnend gewesen, da die Erlösabweichung 2.574 €, die „echte Beschäftigungsabweichung" insgesamt nur - 2.002 € beträgt.

Lösung 8)

a) Kostenart: *Personal*

$Planmenge_{Einkauf}$	*	$Planpreis_{Einkauf}$

= (50 h + 5 / 60 h/Port. * 1.000 Port.)   *   30 €/h

= 4.000 €

$$\begin{array}{r} 4.000\ € \\ -\ 4.500\ € \\ \hline -500\ € \end{array}$$

outputmengenbedingte
Überschreitung variabler Kosten

$Sollmenge_{Einkauf}$	*	$Planpreis_{Einkauf}$

= (50 h + 5 / 60 h/Port. * 1.200 Port.)   *   30 €/h

= 4.500 €

$$\begin{array}{r} 4.500\ € \\ -\ 4.800\ € \\ \hline -300\ € \end{array}$$ *Verbrauchsabweichung*

$Istmenge_{Einkauf}$	*	$Planpreis_{Einkauf}$

= 160 h   *   30 €/h

= 4.800 €

$$\begin{array}{r} 4.800\ € \\ -\ 4.640\ € \\ \hline 160\ € \end{array}$$ *Preisabweichung*

$Istmenge_{Einkauf}$	*	$Istpreis_{Einkauf}$

= 160 h   *   29 €/h

= 4.640 €

Kostenart: *Fertigungsmaterial (Fleisch)*

Planmenge$_{Einkauf}$	*	*Planpreis$_{Einkauf}$*

= (300 g/Portionen * 1.000 Port.)   *   6 €/kg
= 1.800 €

$$\begin{array}{r} 1.800\ € \\ -\ 2.160\ € \\ \hline -\ 360\ € \end{array}$$ *outputmengenbedingte Überschreitung variabler Kosten*

Sollmenge$_{Einkauf}$	*	*Planpreis$_{Einkauf}$*

=(300 g/Portionen * 1.200 Port.)   *   6 €/kg
= 2.160 €

$$\begin{array}{r} 2.160\ € \\ -\ 1.980\ € \\ \hline 180\ € \end{array}$$ *Verbrauchsabweichung*

Istmenge$_{Einkauf}$	*	*Planpreis$_{Einkauf}$*

= 33 kg   *   6 €/kg
= 1.980 €

$$\begin{array}{r} 1.980\ € \\ -\ 2.145\ € \\ \hline -\ 165\ € \end{array}$$ *Preisabweichung*

Istmenge$_{Einkauf}$	*	*Istpreis$_{Einkauf}$*

= 33 kg   *   6,50 €/kg
= 2.145 €

b)

$Planmenge_{Absatz}$	*	$Planpreis_{Absatz}$

= 1.000 Portionen   *   9,80 €/Portionen

= 9.800 €

$$10.800 \text{ €}$$
$$- 9.800 \text{ €}$$
$$\overline{+ 1.000 \text{ €}} \quad \textit{Erlösabweichung}$$

$Istmenge_{Absatz}$	*	$Istpreis_{Absatz}$

= 1.200 Portionen   *   9,00 €/Portionen

= 10.800 €

c) Die Wirtschaftlichkeit der Produktion wird schematisch bewertet anhand der Verbrauchsabweichung aller Kostenarten

$$= - 300 \text{ €} + 180 \text{ €}$$
$$= - 120 \text{ €}.$$

Demnach hat der Restaurantchef mutmaßlich schlecht gewirtschaftet. Die Wirtschaftlichkeit des Marketing wird schematisch bewertet anhand des Saldos aus „echter Beschäftigungsabweichung" aller Kostenarten und Erlösabweichungen

$$= - 500 \text{ €} - 360 \text{ €} + 1.000 \text{ €}$$
$$= 140 \text{ €}.$$

Demnach hat die Marketing-Fachfrau mutmaßlich gut gewirtschaftet.

d) Die Zerlegung der Verbrauchsabweichung aus Aufgabe **a)** ergibt sich wie folgt:

alte Sollmenge$_{Einkauf}$	*	*Planpreis*$_{Einkauf}$

= (50 h + 5 / 60 h/Port. * 1.200 Port.)   *   30 €/h
= 4.500 €

$$\begin{array}{r} 4.500\ € \\ -\ 4.860\ € \\ \hline -\ 360\ € \end{array}$$ *Verbrauchsabweichung aufgrund der Küchentechnik*

neue Sollmenge$_{Einkauf}$	*	*Planpreis*$_{Einkauf}$

= (50 h + **12 h** + 5 / 60 h/Port. * 1.200 Port.)   *   30 €/h
= 4.860 €

$$\begin{array}{r} 4.860\ € \\ -\ 4.800\ € \\ \hline 60\ € \end{array}$$ *reale Verbrauchs-abweichung bei neuer Küchentechnik*

Istmenge$_{Einkauf}$	*	*Planpreis*$_{Einkauf}$

= 160 h   *   30 €/h
= 4.800 €

alte Sollmenge$_{Einkauf}$	*	*Planpreis*$_{Einkauf}$

=(300 g/Portionen * 1.200 Port.)   *   6 €/kg
= 2.160 €

$$\begin{array}{r} 2.160\ € \\ -\ 1.944\ € \\ \hline 216\ € \end{array}$$ *Verbrauchsabweichung aufgrund der Küchentechnik*

$\textit{neue Sollmenge}_{Einkauf}$	*	$\textit{Planpreis}_{Einkauf}$

=(300 g/Portionen * 0,90 * 1.200 Port.)   *   6 €/kg
= 1.944 €

$$\begin{array}{r} 1.944\ \text{€} \\ -1.980\ \text{€} \\ \hline -36\ \text{€} \end{array}$$ *realeVerbrauchsabweichung
bei neuer Küchentechnik*

$\textit{Istmenge}_{Einkauf}$	*	$\textit{Planpreis}_{Einkauf}$

= 33 kg   *   6 €/kg
= 1.980 €

Hinweis:
Der ungünstige Verbrauch lag also eher am euphorischen Übergang zum „meatpusher" (12 fixe Stunden mehr kamen teurer als die Materialeinsparung), nicht am Wirtschaften des Restaurantchefs, der effektiv *+60 - 36 = 24,- €* eingespart hat.

Lösung 9)

a) Die folgende Graphik zeigt die Zahl der Anlernprozesse und die Zahl der geplanten Lohn-Stunden. Die Plan-Personalkosten ergeben sich durch Multiplizieren der Lohn-Stunden mit dem Planpreis von 50 €/h.

- x-Achse: Zahl der Anlernprozesse
- y-Achse: Zahl der geplanten Lohn-Stunden.

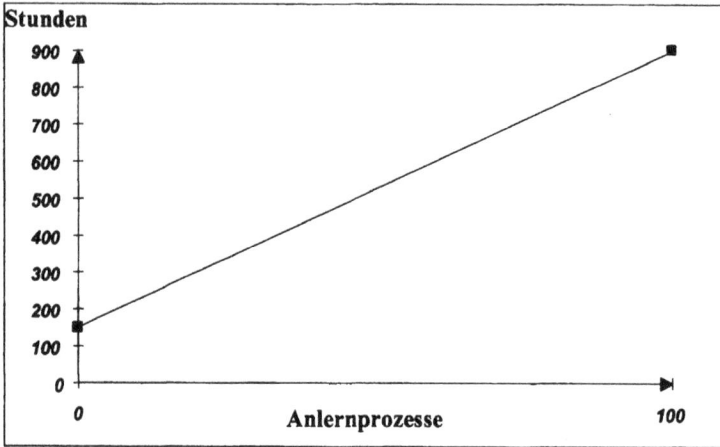

Hinweis:
Grundsätzlich entsteht ein funktionaler Zusammenhang wie der dargestellte durch die 2 Schritte „vergangenheitsbezogene, deskriptive Regressionsanalyse" („statistische" Methode) und „zukunftsorientierte Prognose" („analytische" Methode). Es wäre Aufgabe des 2. Schritts, beispielsweise bei sehr geringer Zahl von Anlernprozessen zu klären, ob tatsächlich 150 Stunden pro Quartal zur Aufrechterhaltung der Betriebsbereitschaft für Anlernprozesse nötig sind.

Rechnerischer Ansatz:

Planmenge$_{gesamt}$	=	Planmenge$_{fix}$	+	Planmenge$_{pro\ Anlernprozess}$	*	Zahl der Anlernprozesse

1. Quartal 900 = Planmenge$_{fix}$ + Planmenge$_{pro\ Anlernprozesss}$ * 100

2. Quartal 600 = Planmenge$_{fix}$ + Planmenge$_{pro\ Anlernprozesss}$ * 60

(I):	900	=	X	+	Y	*	100
(II):	600	=	X	+	Y	*	60

Nach Auflösen dieses Systems mit 2 Gleichungen und 2 Unbekannten ergibt sich:

$$\text{Planmenge}_{pro\ Anlernprozesss} = \underline{7,5\ h/\text{Anlernprozesse}}$$
$$\text{Planmenge}_{fix} = \underline{150\ h}$$

Also betragen die fixen Plankosten: = 150 h * 50 €/h

= *7.500 €*

und die proportionalen Plankosten = 7,5 h/Anlernprozesse * 50 €/h

= *375 €/Anlernprozesse*

bzw.= 375 €/Anlernprozesse * 60 Anlernprozese

= *22.500 € im 2.Quartal*

Hinweis:

Wenn die Fertigungshilfsstelle als reines „cost center" ihre Kosten weiter verrechnet, dann kann sie betriebsintern Erlöse von *60 * 500 = 30.000,- €* planen. Wenn sie als „profit center" mit externen Anbietern verglichen wird, dann kann der kalkulatorische Erlös von *500,- €/Anlernprozess* auch nach oben oder unten abweichen.

b) Kostenart: *Personal*

$Planmenge_{Einkauf}$	*	$Planpreis_{Einkauf}$

= 600 h   *   50 €/h
= 30.000 €

$$\begin{array}{r} 30.000 \text{ €} \\ - 41.250 \text{ €} \\ \hline - 11.250 \text{ €} \end{array}$$ *outputmengenbedingte Überschreitung variabler Kosten*

$Sollmenge_{Einkauf}$	*	$Planpreis_{Einkauf}$

= (150 + 450 * 90 / 60) h   *   50 €/h
= 41.250 €

$$\begin{array}{r} 41.250 \text{ €} \\ - 42.500 \text{ €} \\ \hline - 1.250 \text{ €} \end{array}$$ *Verbrauchsabweichung*

$Istmenge_{Einkauf}$	*	$Planpreis_{Einkauf}$

= 850 h   *   50 €/h
= 42.500 €

$$\begin{array}{r} 42.500 \text{ €} \\ - 38.250 \text{ €} \\ \hline 4.250 \text{ €} \end{array}$$ *Preisabweichung*

$Istmenge_{Einkauf}$	*	$Istpreis_{Einkauf}$

= 850 h   *   45 €/h
= 38.250 €

c) Die Produktionsabteilung erreichte eine Verbrauchsabweichung von
- 1.250 €; dies entspricht
- 1.250 € / 50 €/h = - 25 h.

Da sie 25 Stunden zuviel verbraucht hat, hat sie - schematisch betrachtet - schlecht gewirtschaftet.

d) Erlöse:

Planmenge_Absatz	*	Planpreis_Absatz

= 60 Anlernprozesse   *   500 €/Anlernprozess
= 30.000 €

           45.000 €
        - 30.000 €
         15.000 € Erlösabweichung

Istmenge_Absatz	*	Istpreis_Absatz

= 90 Anlernprozesse   *   500 €/Anlernprozess
= 45.000 €

Lösung 10)

a)

(Kalkulatorische) Zinsen	= 0,4 Mio. €	* 0,12	= 48.000 € p.a., also	4.000 € p.m
Beständewagnis	= 0,4 Mio. €	* 0,006	=	2.400 € p.m
Summe			**=**	**6.400 € p.m**

b) Kostenart „ Zins" hängt vom Warenwert, nicht von den Prozessen „Einlagerung" bzw. „Materialbereitstellung" ab.

Die Hilfslöhne hängen stärker von den einzelnen Arbeitsprozessen als dem eingelagerten bzw. bereitgestellten Warenwert ab.

c) *Annahme:* die Sozialkosten liegen im Durchschnitt lt. gegebenem BAB; es wird also ein Zuschlag für Sozialkosten berücksichtigt nach der Formel:

> Sozialkosten / (Hilfslöhne + Gehälter + Fertigungslöhne) * 100

$= 1,2 \text{ Mio } € / (0,5 \text{ Mio } € + 0,8 \text{ Mio } € + 2,0 \text{ Mio } €) * 100$
$= \underline{36,36\%}$

Bruttopersonalkosten = 15.000 * 1,3636 = 20.454,55 € Prozesskosten, „lmi" die im Folgenden zu 40% den Einlagerungen, zu 60% den Bereitstellungen zugerechnet sind.

Rechenschema:

Prozess-kosten lmi (Euro)	Prozessmenge (Mengeneinh. = ME)	Prozess-kostensatz lmi (€/ME)	Zuschlag lmn (€/ME)	Prozess-kosten-satz Gesamt (€/ME)	Bezeichnung des Prozesses lmi
8.181,82	50	163,64	96,00	259,64	Einlagerungen
12.272,73	800	15,34	9,00	24,34	Bereitstellungen

Prozesskosten lmn (Euro)	Summe Prozesskosten lmi (Euro)	Zuschlag lmn / lmi (%)	Bezeichnung des Prozesses lmn
12.000	20.454,55	58,67	Strom/ Energie/ kalkulatorische Miete

Damit ergeben sich:

(1) Der Gesamt-Prozesskostensatz (inclusive lmn-Umlage) für 1 Anlieferung:
$= \underline{259,64 \text{ €}}$

(2) Der Gesamt-Prozesskostensatz (inclusive lmn-Umlage) für 1 Materialdisposition:
$= \underline{24,34 \text{ €}}$

(3) Der Zuschlagssatz für verbleibende Materialgemeinkosten (Zuschlagsbasis: Kosten für Fertigungsmaterial) errechnet sich lt. Zwischenergebnissen der Aufgabe a) als:
6.400 € p.m. / 3.200.000 € p.m. * 100 $\underline{= 0,2 \text{ (\%)}}$.

d) Die Materialkosten errechnen sich wie folgt:

(1)	Fertigungsmaterial insgesamt 150 kg á 80,00 €/kg	=	12.000,00 €
	Gemeinkostenzuschlag 0,2 % * 12.000,00 €	=	24,00 €
(2)	Anteilig 0,15 Anlieferungen á 259,64 €/Anl.	=	38,95 €
(3)	3 Materialdispositionen á 24,34 €/Dispo	=	73,02 €
		=	12.135,97 €

Hinweis: *Prozesskosten werden also in einem „reformierten" BAB nicht mehr als Gemeinkosten, sondern wie Sondereinzelkosten der Fertigung ausgewiesen.*

Lösung 11)

a) Entsprechend (beispielsweise) Rollwage, S. 36, ergibt sich:

Fertigungslohn	= 50 h * 40 €/h	= 2.000 €
Fertigungs - Gemeinkosten	= 200 % * 2.000 DM	= 4.000 €
Fertigungskosten	=	6.000 €

b) Der Ist-Prozesskostensatz pro Rüstprozess wird ermittelt als Quotient aus Prozesskosten und Prozessmenge, also:

= (29.000 + 14.000 + 20.000) / 240
= 262,50 €/Rüstprozess

Der Zuschlagssatz für die restlichen Gemeinkosten von B wird ermittelt als Quotient aus restlichen Gemeinkosten und Einzelkosten (also hier Fertigungslöhnen) der Kostenstelle B, d.h.:

= [160.000 - (29.000 + 14.000 + 20.000)] / 80.000
= 121,25 %

c) Wenn 1 „Durchschnittsauftrag" (nach Aufgabe a) 2.000 € Fertigungslohn kostet, gibt es 80.000 € (FL B aus dem BAB) / 2.000 €/Auftrag = 40 Aufträge. Auf einen davon entfallen demnach:

= 240 Rüstprozesse / 40 Aufträge
= 6 Rüstprozesse/Auftrag (durchschnittlich)

d) Die Zahl der Rüstprozesse (Prozessmenge) verringert sich voraussichtlich auf

$= 240 * 0,8 = \underline{192}$

Die Prozesskosten verringern sich von (nach Aufgabe a) 63.000 € auf:

$= 42.000 \, € + 21.000 \, € * 0,8$
$= \underline{58.800 \, €}$

Es ergibt sich als Plan-Prozesskostensatz pro Rüstprozess

$= 58.800 \, € / 192 \, Rüstprozesse$
$= \underline{306,25 \, €/Rüstprozess}$

Hinweis :
Wer sich als Controller bevorzugt an Quotienten-Kennzahlen orientiert, kann zu falschen Folgerungen kommen. Er würde evtl. meckern, weil die Kosten pro Rüstprozess drastisch gestiegen sind, nämlich um (306,25 - 262,50) / 262,50 = 16,7%. Was mehr oder weniger Profit verspricht, sagt Ihnen die absolute, nicht die „Kennzahl" (hier also 21.000 € * 0,2 = 4.200 € Einsparung)!

e) Als Plan-Fertigungskosten eines „Durchschnittsauftrags" ergeben sich:

Fertigungslohn	50 h * 40 €/h	2.000 €
Rest Fertigungsgemeinkosten	121,25 % * 2.000 €	2.425 € aus b)
Prozesskosten	4,8 Rüstpro. * 306,25 €/Proz.	1.470 € aus d)
Fertigungskosten		**5.895 €**

f) Als Plan-Fertigungskosten für beide Arten von Durchschnittsaufträgen ergeben sich:

Fall I:

Fertigungslohn	= 50 h * 40 €/h	=	2.000 €
Rest Fertigungs-gemeinkosten	= 121,25 % * 2.000 €	=	2.425 € aus a)
Prozesskosten	= 4,0 Rüstpro. * 306,25 €/Proz.	=	1.225 € aus d)
Fertigungskosten =			**5.650 €**

Fall II:

Fertigungslohn	= 50 h * 40 €/h	=	2.000,00 €
Rest Fertigungs-gemeinkosten	= 121,25 % * 2.000 €	=	2.425,00 € aus a)
Prozesskosten	= 5,0 Rüstpro. * 306,25 €/Proz.	=	1.531,25 € aus d)
Fertigungskosten	**=**		**5.956,25 €**

Lösung 12)

a) Zum Schema (vgl. Rollwage, S. 35 ff; keine Bestandsveränderung)

Materialeinzelkosten	10 kg * 12 €/kg	=	120,00 €
+ 5% Materialgemeinkostenzuschlag		=	6,00 €
Materialkosten		**=**	**126,00 €**
Fertigungslohn A	= 6 h * 40 €/h	=	240,00 €
+ 200% Fertigungsgemeinkostenzuschlag		=	480,00 €
Fertigungskosten		**=**	**720,00 €**
Fertigungslohn B	= 5 h * 60 €/h	=	300,00 €
+ 50 % Fertigungsgemeinkostenzuschlag		=	150,00 €
			450,00 €
Herstellkosten		=	**1.296,00 €**
+ 1,2% Verw./Vertriebsgemeinkosten		=	15,55 €
(Selbst-)Kosten			**1.311,55 €**

b) Kostensatz für einen Prozess „Rüsten" für Kostenstelle A:

*= 8700 € * 0,40 / 145 Rüstvorgänge*

= 24,00 €/Rüstvorgang

c) *Kostenstellenausgleich:*

(allg. Formel Rollwage, S. 25ff, analoges Beispiel ebd., S. 26 ff mit $x_1 = x_2 = 1$; $x_{2.>1} = 0,2$; $x_{1.>2} = 0,1$)

Das Gleichungssystem lautet:

$$p_1 = 5.320 + 0,2\ p_2 \qquad\qquad p_1 = 6.448,98\ (\text{Euro})$$

$$\Rightarrow$$

$$p_2 = 5.000 + 0,1\ p_1 \qquad\qquad p_2 = 5.644,90\ (\text{Euro})$$

Bitte beachten Sie, dass die „primären" Rest-Gemeinkosten der Fertigungsstelle A nur 60 % der ursprünglichen *Summe I = 5.220 €* zuzüglich der *100 €* Umlage Allgem. Kostenstelle darstellen!

p_1 und p_2 sind die Kosten der Fertigungsstelle A bzw. B nach Belastung, aber ohne Entlastung.

Gemäß dem Schema bei Rollwage, S. 27 o., ergibt sich:

	Fertigungsstelle A	*Fertigungsstelle B*
primäre Gemeinkosten	5.320,00	5.000,00
10 % von 6.448,98	- 644,90	+ 644,90
20 % von 5.644,90	+ 1.128,98	- 1.128,98
Endkosten	= 5.804,08	= 4.515,92
Fertigungslohn	4.500,00	9.600,00
Zuschlagsätze in %	= **128,98**	= **47,04**

d) *Neukalkulation (Prozesskostenrechnung)*

Materialeinzelkosten = 10 kg * 12 €/kg	=	120,00 €
+ 5% Materialgemeinkostenzuschlag	=	6,00 €
Materialkosten	=	**126,00 €**
Fertigungslohn A = 6 h * 40 €/h	=	240,00 €
+ 128,98 % Restgemeinkostenzuschlag	=	309,55 €
+ 5 Rüstvorgänge á 24,00 DM	=	120,00 €
Fertigungskosten	=	**669,55 €**

Fertigungslohn B	= 5 h * 60 DM/h	=		300,00 €
+ 47,04 % Fertigungsgemeinkostenzuschlag		=		141,12 €
Fertigungskosten		=	**441,12 €**	
Herstellkosten		=	**1.236,67 €**	
+ 1,2% Verw./Vertriebsgemeinkosten		=	14,84 €	
(Selbst-)Kosten		=	**1.251,51 €**	

Lösung 13)

a) Einziges Problem ist die Bestimmung des Planpreises auf der Absatzseite, da der Kunde betriebsintern ist. Als üblicher (und in der Aufgabe häufig ohnehin einziger) Vergleichsmassstab ist der Preis des externen Anbieters anzusetzen, um die Wirtschaftlichkeit im eigenen Hause sozusagen anhand eines Marktpreises zu kontrollieren.

Rechnerisch ergibt sich:

	Isterlöse	(75 Datensicherungen * 750 €/Datensi.)	=	56.250 €
-	Planerlöse	(50 Datensi. * 750 €/Datensicherung)	=	37.500 €
=	Erlös-abweichung		=	18.750 €

b) Kostenart Personal:

***Planmenge*Einkauf**	*	***Planpreis*Einkauf**

= 2,0 h/Datensicherungen * 50 Datensicherungen * 100 €/h

= 10.000 €

$$
\begin{array}{r}
10.000 \text{ €} \\
- 15.000 \text{ €} \\
\hline
- 5.000 \text{ €}
\end{array}
$$ *outputmengenbedingte Überschreitung variabler Kosten*

147

$Sollmenge_{Einkauf}$	*	$Planpreis_{Einkauf}$

= 2,0 h/Datensicherungen * 75 Datensicherungen * 100 €/h

= 15.000 €

$$\begin{array}{r} 15.000 \text{ €} \\ - 16.000 \text{ €} \\ \hline - 1.000 \text{ €} \end{array}$$ *Verbrauchsabweichung*

$Istmenge_{Einkauf}$	*	$Planpreis_{Einkauf}$

= 160 h   *   100 €/h

= 16.000 €

$$\begin{array}{r} 16.000 \text{ €} \\ - 15.200 \text{ €} \\ \hline 800 \text{ €} \end{array}$$ *Preisabweichung*

$Istmenge_{Einkauf}$	*	$Istpreis_{Einkauf}$

= 160 h   *   95 €/h

= 15.200 €

$Sollmenge_{Einkauf}$ = 2,0 h/Datensicherungen * 75 Datensicherungen = *150 h*

Diese Proportionalität der Personalkosten kommt (zumindest für „Fertigungslöhne") in Lehrbüchern noch oft vor. Sie ist nicht allgemeingültig und in der Praxis stets zu überprüfen.

Es gilt folgender Ansatz für eine „Durchschnitts-Arbeitskraft":

= 38 h * 100 €/h („vorher")
= 40 h * Y €/h („nachher")
Y = *95 €/h*

c) Es ist zweckmäßig,

die Planmenge $_{Einkauf}$ = 30.000 (fiktive) Einheiten und
den Planpreis $_{Einkauf}$ = 1 €/Einheit zu setzen.
Natürlich können Sie auch mit Unbekannten arbeiten.

Dann ergibt sich:

Sollmenge $_{Einkauf}$ = 27.000 + 3.000 * (75 Datensich. / 50 Datensich.)
= 31.500 (Einh.)

Istpreis$_{Einkauf}$ = 0,95 * Planpreis $_{Einkauf}$ = 0,95 €/Einheit.

Da die Istkosten mit 31.000 € vorgegeben sind, muss die
Istmenge$_{Einkauf}$ = 31.000 €: (0,95 €/Einheit) = 32.631,58 Einheiten sein.

Anders gesagt:
Wäre das EDV-Preisniveau nicht gesunken, so hätten die EDV-Kosten 32.631,58 €
betragen.

Kostenart EDV-Kosten:

Planmenge$_{Einkauf}$	*	*Planpreis$_{Einkauf}$*

= 30.000 Einheiten   *   1 €/Einheiten
= 30.000 €
          30.000 €
       - 31.500 €
       - *1.500 € outputmengenbedingte Überschreitung variabler*
             Kosten

Sollmenge$_{Einkauf}$	*	*Planpreis$_{Einkauf}$*

= 31.500 Einheiten   *   1 €/Einheiten
= 31.500 €
        31.500,00 €
      - 32.631,58 €
       - *131,58 € Verbrauchsabweichung*

| $Istmenge_{Einkauf}$ | * | $Planpreis_{Einkauf}$ |

= 32.631,58 Einheiten * 1 €/Einheiten
= <u>32.631,58 €</u>

$$32.631,58 \text{ €}$$
$$- 31.000,00 \text{ €}$$
$$\overline{\underline{1.631,58 \text{ €}}} \quad Preisabweichung$$

| $Istmenge_{Einkauf}$ | * | $Istpreis_{Einkauf}$ |

= 32.631,58 Einheiten * 0,95 €/Einheiten
= <u>31.000,00 €</u>

d) Ob eine produktive (bzw. hier dienstleistende) Abteilung gut oder schlecht gewirtschaftet hat, ist schematisch, also ohne tiefergehende Ursachenanalyse, an der Verbrauchsabweichung der Kostensumme zu ermitteln.
Diese beträgt hier
= -1.000,00 - 1.131,58 <u>= - 2.131,58 (€)</u>
Die Kosten waren also zu hoch; es wurde verschwenderisch gewirtschaftet.

e) Die betriebsinterne Durchführung der zusätzlichen Datensicherungen hat den mengenmässigen Absatz der Abteilung (oder lehrbuch-artig gesagt: die „Beschäftigung") erhöht. Zu klären ist also, ob die Summe aus Erlösabweichung - für Ersparnis der Kosten beim externen Anbieter - und „echter Beschäftigungsabweichung" - Überschreitung variabler Kosten wegen erhöhter Zahl von Datensicherungen - im Plus oder Minus liegt. Die Summe beträgt hier:

= + 18.750,00 € - 5.000,00 - 1.500,00 <u>= + 12.250,00 (€)</u>

Also hat sich die Entscheidung gelohnt; denn der Gang zum Ingenieurbüro hätte für die zusätzlichen 25 Datensicherungen 12.250 € mehr gekostet.

Lösung 14)

a) Unter der Annahme, dass die Sondereinzelkosten (SEK) der Fertigung in Kostenstelle I anfallen, ergibt sich folgendes Schema:

Fertigungsmaterial	=	4.000 €
+ 25% Materialkosten	=	1.000 €
Materialkosten	=	**5.000 €**
Fertigungslohn I	=	2.000 €
+ 190 % Fertigungsgemeinkosten	=	3.800 €
+ SEK der Fertigung		1.000 €
Fertigungskosten I	=	**6.800 €**
Fertigungslöhne II	=	1.200 €
+ 95 % Fertigungsgemeinkosten	=	1.140 €
Fertigungskosten II		**2.340 €**
Herstellkosten	=	**14.140 €**

(Summe aller Material- und Fertigungskosten)

b) Laut Angabe stiegen die Primärkosten der Materialstelle auf *103.500 €*; dagegen sanken die Primärkosten der Fertigungsstellen I bzw. II auf *153.000 bzw. 76500 €*.

Im neuen BAB der (restlichen!) Gemeinkosten verbleiben aber nur 40% der primären Materialgemeinkosten = 0,4 * 103.500 = 41.400 (€), da 60% über Prozesskostensätze abgerechnet werden.

Im Bereich der zunächst gefragten Fertigungsstellen weist der neue BAB (mit unverändert gebliebener Verrechnung der Allgemeinen Kostenstelle als innerbetriebliche Leistungen) folgende „Summe der Gemeinkosten je Endkostenstelle" aus:

Fertigung I:	153.000 +		20.000 =		173.000 (€)
Fertigung II:	76.500 +		10.000 =		86.500 (€)

Dividiert durch die gleichbleibenden Zuschlagsbasen von je 100.000 € Fertigungslohn ergaben sich als Zuschlagssätze 173% bzw. 86,5%.

151

60% der gestiegenen Materialgemeinkosten, also 62.100 €, lassen sich über Prozesskostensätze (gängige Formulierung: leistungsmengeninduziert = „lmi") verursachungsgerecht(er) abrechnen. Lt. Aufgabentext ergibt sich also:

für die Auswertungen: $\dfrac{20.700\ €}{46\ \text{Auswertungen}}$ = __450,00 € / Auswertung__

für die Messungen: $\dfrac{41.400\ €}{828\ \text{Messungen}}$ = __50,00 € / Messung__

c) Die genannten Kostenarten Zins, Beständewagnis und AfA hängen eher vom Wert des gelagerten Materials als von der Zahl der Auswertungen bzw. Messungen ab. Dies gilt besonders für die ersten beiden! Deshalb ist ein Gemeinkostenzuschlagssatz (natürlich nur für die verbleibenden 40%!) realistischer. Als restliche Gemeinkosten verbleiben nur 40% der primären Materialgemeinkosten = *0,4 * 103.500 = 41.400 (€)*. Dividiert man, inklusive der innerbetrieblichen Leistungen von 10.000 €, die neue „Summe Gemeinkosten je Endkostenstelle" von 51.400 € durch die gleich bleibenden Kosten für Fertigungsmaterial in Höhe von 400.000 €, so ergibt sich als Materialgemeinkostenzuschlag: 12,85%.

d) Wenn man die Prozesskosten als Sondereinzelkosten (SEK) der Materialstelle einordnet, ergibt sich folgendes neue Schema:

Fertigungsmaterial	=	4.000,00 €
+ 12,85% Materialgemeinkosten	=	514,00 €
+ 1 Auswertung	=	450,00 €
+ 5 Messungen	=	250,00 €
__Materialkosten__	__= 5.214,00 €__	
Fertigungslöhne I	=	2.000,00 €
+ 173 % Fertigungsgemeinkosten	=	3.460,00 €
+ SEK der Fertigung		1.000,00 €
__Fertigungskosten I__	__= 6.460,00 €__	
Fertigungslöhne II	=	1.200,00 €
+ 86,5 % Fertigungsgemeinkosten	=	1.038,00 €
__Fertigungskosten II__	__2.238,00 €__	
Herstellkosten	__= 13.912,00 €__	

(Summe aller Material- und Fertigungskosten)

e) Stichprobenumfang

   = *828 (Messungen) / 46 (Prüfungen) = <u>18</u>*

Lösung 15)

a) Die in der Kostenrechnung verbreiteten Näherungsformeln lauten:

kalkulatorische AfA p.a.	=	(Wiederbeschaffungspreis – Schrottwert)	/ Nutzungsdauer
kalkulatorische Zins p.a.	=	[Schrottwert +(Wiederbeschaffungspreis – Schrottwert)/2)]	* Zinssatz p.a.
	=	[(Wiederbeschaffungspreis + Schrottwert)/2]	* Zinssatz p.a.

Danach ergibt sich:
für die Couch:

kalkulatorische AfA p.a.	=	12.000/10	=	1.200 €/Jahr,	also 100 €/Monat
kalkulatorische Zins p.a.	=	6.000 * 6%	=	360 €/Jahr,	also 30 €/Monat

für die Multimedia-Anlage:

kalkulatorische AfA p.a.	=	54.000/3	=	18.000 €/Jahr,	also 1.500 €/Monat
kalkulatorische Zins p.a.	=	27.000 * 6%	=	1.620 €/Jahr,	also 135 €/Monat

---

Hinweis:
Eine exakte finanzmathematische Rechnung ergibt wegen des Zinseszinseffekts stets einen höheren „Kapitaldienst" = Zins + AfA als die hier berechneten 130 bzw. 1.635 € pro Monat, vgl. Pepels, 2001, S. 341.

---

b) *Demokratischer Chef:*

keine psychologischen Chefgespräche

60 h * 60 €/h	= 3.600 € Prozesskosten für 20 fachliche Chefgespräche
Prozesskosten-Satz =	180 € / Fachgespräch
30 h * 60 €/h + 2/3 * 1.635 € =	2.890 € Prozesskosten für 60 Geschäftsbriefe
Prozesskosten-Satz =	48,17 € / Geschäftsbrief
50 h * 60 €/h + 1/3 * 1.635 € =	3.545 € Prozesskosten für 250 Terminvereinbarungen
Prozesskostensatz =	14,18 € / Terminvereinbarung

Autoritärer Chef:

70 h * 60 €/h + 130 €	= 4.330 € für 14 psychologische Chefgespräche
Prozesskosten-Satz =	309,29 € / psych. Gespräch
30 h * 60 €/h	= 1.800 € für 15 fachliche Chefgespräche
Prozesskosten-Satz =	120 € / Fachgespräch
60 h * 60 €/h + 2/3 * 1.635 € =	4.690 € für 120 Geschäftsbriefe
Prozesskosten-Satz =	39,08 € Geschäftsbrief
25 h * 60 €/h + 1/3 * 1.635 € =	2.045 € für 125 Terminvereinbarungen
Prozesskosten-Satz =	16,36 € / Terminvereinbarung

c) Beim autoritären Chef liegt der Prozesskosten-Satz für Geschäftsbriefe niedriger, weil die Fixkosten der Multimedia-Anlage sich (rechnerisch!) auf die doppelte Zahl von Geschäftsbriefen verteilen.

> Hinweis:
> Bei den Terminvereinbarungen tritt hier der Effekt in der anderen Richtung auf.

d) Die „lmn" Kosten betragen in beiden Fällen offenbar
*1.000 € + 20 h * 60 €/h = 2.200 € pro Monat.*
Damit errechnen sich folgende lmn-Zuschlagssätze = lmn-Kosten / gesamte lmi-Kosten:

beim demokratischen Chef 2.200	/ (3.600 + 2.890 + 3.545)	= 21,92%
beim autoritären Chef 2.200	/ (4.330 + 1.800 + 4.690 + 2.045)	= 17,10%

Hinweis:
Im 2. Fall werden die 2.200 € auf höhere lmi-Kosten rechnerisch umgelegt.

Somit erhöhen sich die Prozesskostensätze aus b) zu Gesamt-Prozesskostensätzen wie folgt:

beim demokratischen Chef jeweils 1,2192 * 180,00 usw.; also

- 219,46 € / Fachgespräch
- 58,73 € / Geschäftsbrief
- 17,29 € / Terminvereinbarung

beim autoritären Chef jeweils 1,1710 * 309,29 usw.; also

- 362,57 € / psych. Chefgespräch
- 140,51 € / Fachgespräch
- 45,76 € / Geschäftsbrief
- 19,16 € / Terminvereinbarung

Hinweis:
Die Ergebnisse können sich um Cent-Beträge verschieben; je nachdem, ob man mit exakten oder gerundeten Zwischenergebnissen weiter rechnet.

Kapitel 9

Definitionen

Da eine Trennung in fixe und variable (hier vereinfacht: proportionale) Kosten nur

- vergangenheitsbezogen mit mehreren Istwerten (Regression!) oder

- zukunftsbezogen als Plankosten

möglich ist, nicht aber für die Istkosten beispielsweise einer Planungsperiode, werden hier die Deckungsbeiträge (DB) abweichend vom Vorgehen der entscheidungs- und damit zukunftsorientierten, DB-Rechnung definiert wie folgt:

		Erlös
-		variable Einzelkosten
=	**DB I**	
-		fixe Einzelkosten
=	**DB II**	
-		variable Gemeinkosten
=	DB III	
-		fixe Gemeinkosten
=	**DB IV** *(bzw. Gewinn, wenn keine weiteren „Kostenschichten" zu berücksichtigen sind)*	

Wegen der für die Istkosten i.d.R. fehlende Trennbarkeit von fixem und variablem Teil (Ausnahme beispielsweise Strom- oder Telefontarife) werden für das Controlling durch Plankostenrechnung nur die fettgedruckten Stufen Erlöse, DB II und DB IV verwendet.

Andererseits können Sie den DB III dieser Rechnung auf der Ebene der Planzahlen mit der, in der DB-Rechnung häufig DB II genannten, Differenz Erlös - variable (Einzel- und Gemeinkosten) - fixe Einzelkosten vergleichen.

Kapitel 10

Spezialanwendungen

Für Prozesskostenrechnung verwenden Sie bitte die produktbezogenen Formulare bzw. Blätter; i.d.R. werden Sie hier anstelle einer Produkt- eine Kostenstellenbezeichnung angegeben.

Für Plankostenrechnung bei 2-dimensionaler Fixkostenstruktur (nach Riethmüller) empfehle ich folgendes Vorgehen:

- für *produktionsorientiertes Controlling*: Definition der produktions-abhängigen Kosten als Einzel-, der vertriebsabhängigen als Gemeinkosten,

- für *vertriebsorientiertes Controlling* genau umgekehrt.

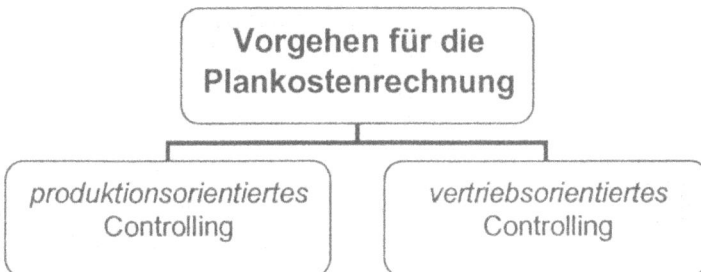

Abbildung 18 : Vorgehen bei 2-dimensionaler Fixkostenstruktur der Plankostenrechung

Vorteil:

Sie können über die DB II Produktion und Vertrieb getrennt bewerten, führen aber die Rechnungen auf der Ebene des DB IV wieder zusammen.

Beachten Sie:

- Die DB II müssen extra gekennzeichnet sein, beispielsweise wie bei Riethmüller.

- Gemeinkosten, die weder produktions- noch vertriebsorientiert sind, beispielsweise häufig die der Geschäftsführung, werden erst nach Berechnung des DB IV berücksichtigt.

Kapitel 11

Formulare mit Formelanzeigen

In diesem Kapitel wird ein auf Microsoft Excel basierender Ansatz für eine Plankostenrechnung vorgestellt.

Es handelt sich hierbei um einen Auszug aus dem von mir entwickelten Kostenrechnungskonzept namens „STRELAPLAN".

Orientieren Sie sich bitte an den Abbildungen. Die Datei mit der vollständigen Version des Strelaplans finden Sie auf der Begleit-CD, welche Sie unter folgender Adresse zum Preis von 13,00 Euro inklusive Versand bestellen können:

Diplom-Betriebswirt (FH)
Heiko Fritz
Karthäuserweg 03

18356 Barth

Im Folgenden soll nun ein Vergleich der Deckungsbeiträge II (Plan und Ist) mit Hilfe von Excel erläutert werden.

11.1 Inputdaten Produktbezogen

Die Abbildung 1 zeigt den Excel-Ordner *PLAINFO*. In diesem Ordner werden die Ausgangsdaten (Input) eingetragen.

In der Spalte A wird die jeweils anfallende *Kostenart* eingetragen.

Die Spalte B soll die *fixe Planmenge* erfassen und in die Spalte C wird die *variable Planmenge* für jede Kostenart eingetragen.

Die Spalte D ergibt sich aus der Summe der festen und der variablen Planmenge. Deshalb wird beispielsweise in Zeile 4 die Summe aus der festen und der variablen Planmenge durch folgende Formel ermittelt:

=B4+C4

In Abbildung 1 sehen Sie die Formeln angezeigt. Im Anwendungsfall des Formulars steht hier selbstverständlich der Wert der Summe.

161

Die Spalte E enthält die *Planpreise* für jede Kostenart. In der Spalte F wird die jeweilige *Istmenge* erfasst und in Spalte G der jeweilige Istpreis (vgl. Abb. 1).

Ab Zeile 39 werden alle *erlösbezogenen Inputdaten* erfasst.

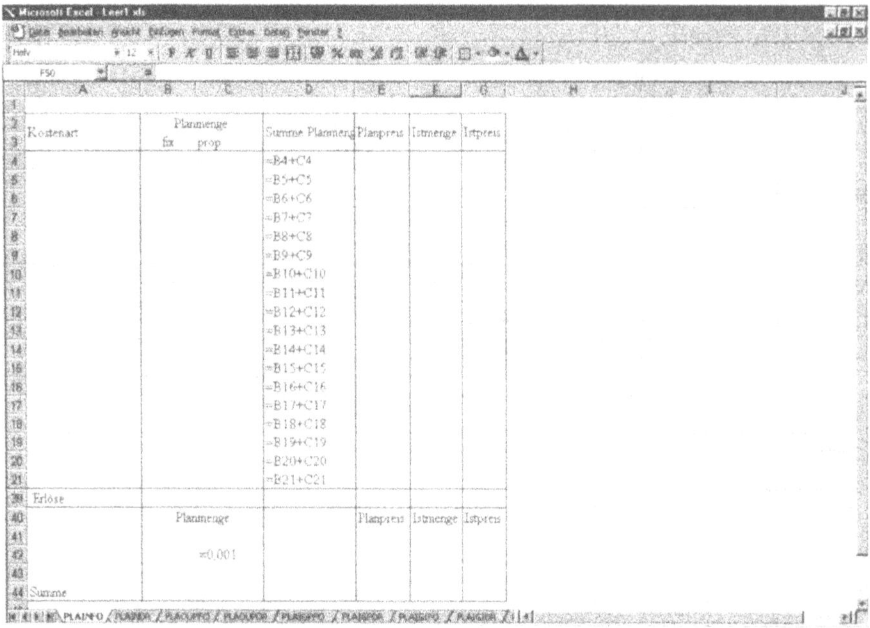

Abbildung 19: Inputdaten (PLAINFO)

Hinweis:
Der Eintrag im Feld C 42 dient nur dazu, die Fehlermeldung „Div0" in den leeren Output-Formularen zu vermeiden.

11.2 Produktbezogenes Lösungsschema (Output)

Im Excel-Ordner **PLAOUPFO** wird nun ein DBII-Vergleich für ein Produkt durchgeführt. Dabei wird auf die Inputdaten im Ordner PLAINFO zurückgegriffen.

Die Abbildung 2 zeigt die Spalten A bis D.

Die Spalte A übernimmt lediglich die *Einzelkostenbezeichnung* (Kostenart) des Inputs. Für die Kostenart aus der Zeile 4 des PLAINFO-Ordners ergibt sich somit in Zeile 3 folgende Formel:

=PLAINFO!A4

Das „PLAINFO" ist dabei der Verweis auf den Ordner mit den Inputdaten.

In Spalte B werden die *Plankosten* errechnet. Diese ergeben sich als Produkt von *Planmenge* und *Planpreis* der Inputdaten.

Als Formel ergibt sich somit für die erste Kostenart in Zeile 3:

=PLAINFO!D4*PLAINFO!E4

Dabei ist D4 die Planmenge und E4 der Planpreis.

In Spalte C wird nun die echte Beschäftigungsabweichung ermittelt. Diese ergibt sich aus der Differenz von Plankosten und Sollkosten. Die Sollkosten werden in Spalte D ermittelt.

Die *Sollkosten* ergeben sich folgendermaßen:
Die *variable Planmenge* wird mit der *Istmenge* multipliziert und durch die *erlösbezogene Planmenge* dividiert. Dazu wird die *fixe kostenbezogene Planmenge* addiert. Das Ergebnis wird mit dem *kostenbezogenen Planpreis* multipliziert.
Die Formel können Sie der Abbildung 2 entnehmen.

In der Zeile 39 werden dann jeweils die Summen der Plankosten, der echten Beschäftigungsabweichung und der Sollkosten ermittelt (vgl. Abb. 2).

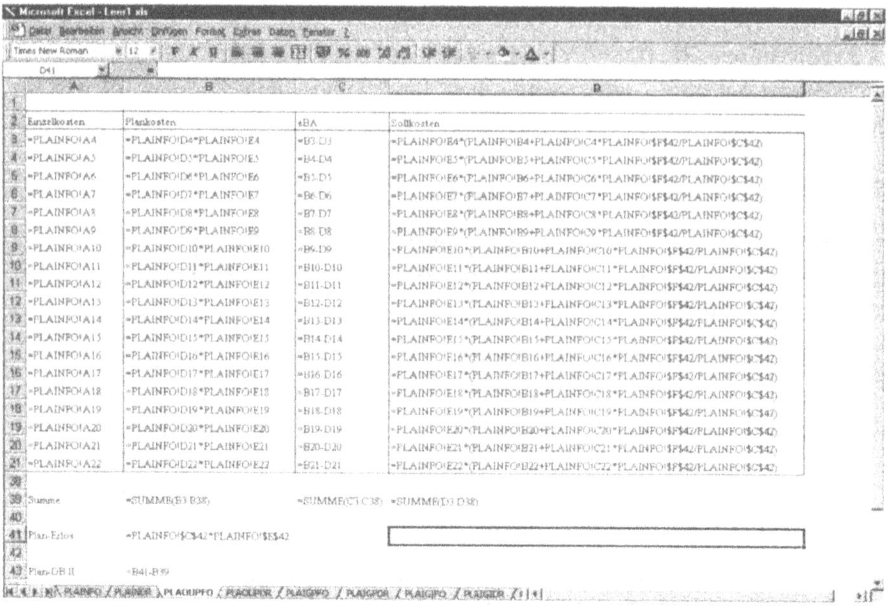

	A	B	C	D
1				
2	Einzelkosten	Plankosten	±BA	Sollkosten
3	=PLAINFO!A4	=PLAINFO!D4*PLAINFO!E4	=B3-D3	=PLAINFO!E4*(PLAINFO!B4+PLAINFO!C4*PLAINFO!$F$42/PLAINFO!$C$42)
4	=PLAINFO!A5	=PLAINFO!D5*PLAINFO!E5	=B4-D4	=PLAINFO!E5*(PLAINFO!B5+PLAINFO!C5*PLAINFO!$F$42/PLAINFO!$C$42)
5	=PLAINFO!A6	=PLAINFO!D6*PLAINFO!E6	=B5-D5	=PLAINFO!E6*(PLAINFO!B6+PLAINFO!C6*PLAINFO!$F$42/PLAINFO!$C$42)
6	=PLAINFO!A7	=PLAINFO!D7*PLAINFO!E7	=B6-D6	=PLAINFO!E7*(PLAINFO!B7+PLAINFO!C7*PLAINFO!$F$42/PLAINFO!$C$42)
7	=PLAINFO!A8	=PLAINFO!D8*PLAINFO!E8	=B7-D7	=PLAINFO!E8*(PLAINFO!B8+PLAINFO!C8*PLAINFO!$F$42/PLAINFO!$C$42)
8	=PLAINFO!A9	=PLAINFO!D9*PLAINFO!E9	=B8-D8	=PLAINFO!E9*(PLAINFO!B9+PLAINFO!C9*PLAINFO!$F$42/PLAINFO!$C$42)
9	=PLAINFO!A10	=PLAINFO!D10*PLAINFO!E10	=B9-D9	=PLAINFO!E10*(PLAINFO!B10+PLAINFO!C10*PLAINFO!$F$42/PLAINFO!$C$42)
10	=PLAINFO!A11	=PLAINFO!D11*PLAINFO!E11	=B10-D10	=PLAINFO!E11*(PLAINFO!B11+PLAINFO!C11*PLAINFO!$F$42/PLAINFO!$C$42)
11	=PLAINFO!A12	=PLAINFO!D12*PLAINFO!E12	=B11-D11	=PLAINFO!E12*(PLAINFO!B12+PLAINFO!C12*PLAINFO!$F$42/PLAINFO!$C$42)
12	=PLAINFO!A13	=PLAINFO!D13*PLAINFO!E13	=B12-D12	=PLAINFO!E13*(PLAINFO!B13+PLAINFO!C13*PLAINFO!$F$42/PLAINFO!$C$42)
13	=PLAINFO!A14	=PLAINFO!D14*PLAINFO!E14	=B13-D13	=PLAINFO!E14*(PLAINFO!B14+PLAINFO!C14*PLAINFO!$F$42/PLAINFO!$C$42)
14	=PLAINFO!A15	=PLAINFO!D15*PLAINFO!E15	=B14-D14	=PLAINFO!E15*(PLAINFO!B15+PLAINFO!C15*PLAINFO!$F$42/PLAINFO!$C$42)
15	=PLAINFO!A16	=PLAINFO!D16*PLAINFO!E16	=B15-D15	=PLAINFO!E16*(PLAINFO!B16+PLAINFO!C16*PLAINFO!$F$42/PLAINFO!$C$42)
16	=PLAINFO!A17	=PLAINFO!D17*PLAINFO!E17	=B16-D16	=PLAINFO!E17*(PLAINFO!B17+PLAINFO!C17*PLAINFO!$F$42/PLAINFO!$C$42)
17	=PLAINFO!A18	=PLAINFO!D18*PLAINFO!E18	=B17-D17	=PLAINFO!E18*(PLAINFO!B18+PLAINFO!C18*PLAINFO!$F$42/PLAINFO!$C$42)
18	=PLAINFO!A19	=PLAINFO!D19*PLAINFO!E19	=B18-D18	=PLAINFO!E19*(PLAINFO!B19+PLAINFO!C19*PLAINFO!$F$42/PLAINFO!$C$42)
19	=PLAINFO!A20	=PLAINFO!D20*PLAINFO!E20	=B19-D19	=PLAINFO!E20*(PLAINFO!B20+PLAINFO!C20*PLAINFO!$F$42/PLAINFO!$C$42)
20	=PLAINFO!A21	=PLAINFO!D21*PLAINFO!E21	=B20-D20	=PLAINFO!E21*(PLAINFO!B21+PLAINFO!C21*PLAINFO!$F$42/PLAINFO!$C$42)
21	=PLAINFO!A22	=PLAINFO!D22*PLAINFO!E22	=B21-D21	=PLAINFO!E22*(PLAINFO!B22+PLAINFO!C22*PLAINFO!$F$42/PLAINFO!$C$42)
38				
39	Summe	=SUMME(B3:B38)	=SUMME(C3:C38)	=SUMME(D3:D38)
40				
41	Plan-Erlös	=PLAINFO!$C$42*PLAINFO!$E$42		
42				
43	Plan-DB II	=B41-B39		

Abbildung 20: Formeln der Spalten A-D

In der Spalte E werden nochmals die *Sollkosten* angegeben, um unnötiges Blättern zu vermeiden. In Spalte F wird die *Verbrauchsabweichung I* errechnet. Diese ergibt sich aus der Differenz zwischen *Sollkosten* und *Sonderausw.*
Die Sonderausw. In Spalte G ist gleich den Sollkosten der Spalte E (vgl. Abb. 3).

In Zeile 39 werden wieder die Summen der Spalten gebildet.

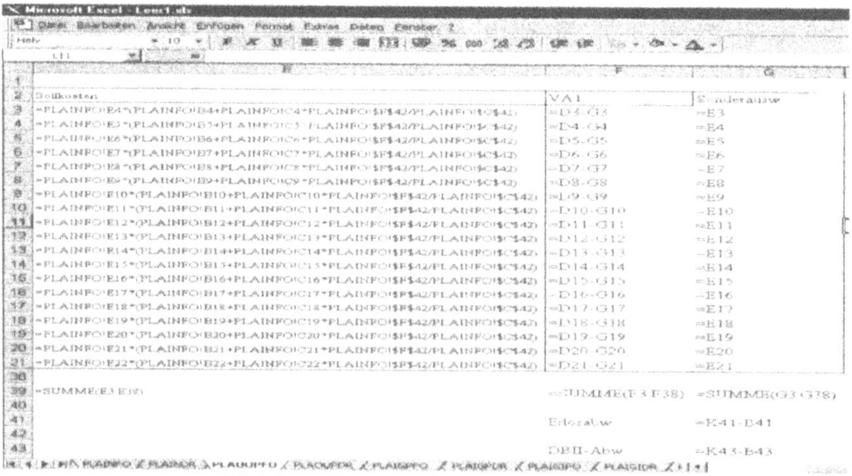

	E	F	G
1			
2	Sollkosten	VA I	Sonderausw
3	=PLAINFO!E4*(PLAINFO!B4+PLAINFO!C4*PLAINFO!$F$42/PLAINFO!$C$42)	=D3-G3	=E3
4	=PLAINFO!E5*(PLAINFO!B5+PLAINFO!C5*PLAINFO!$F$42/PLAINFO!$C$42)	=D4-G4	=E4
5	=PLAINFO!E6*(PLAINFO!B6+PLAINFO!C6*PLAINFO!$F$42/PLAINFO!$C$42)	=D5-G5	=E5
6	=PLAINFO!E7*(PLAINFO!B7+PLAINFO!C7*PLAINFO!$F$42/PLAINFO!$C$42)	=D6-G6	=E6
7	=PLAINFO!E8*(PLAINFO!B8+PLAINFO!C8*PLAINFO!$F$42/PLAINFO!$C$42)	=D7-G7	=E7
8	=PLAINFO!E9*(PLAINFO!B9+PLAINFO!C9*PLAINFO!$F$42/PLAINFO!$C$42)	=D8-G8	=E8
9	=PLAINFO!E10*(PLAINFO!B10+PLAINFO!C10*PLAINFO!$F$42/PLAINFO!$C$42)	=D9-G9	=E9
10	=PLAINFO!E11*(PLAINFO!B11+PLAINFO!C11*PLAINFO!$F$42/PLAINFO!$C$42)	=D10-G10	=E10
11	=PLAINFO!E12*(PLAINFO!B12+PLAINFO!C12*PLAINFO!$F$42/PLAINFO!$C$42)	=D11-G11	=E11
12	=PLAINFO!E13*(PLAINFO!B13+PLAINFO!C13*PLAINFO!$F$42/PLAINFO!$C$42)	=D12-G12	=E12
13	=PLAINFO!E14*(PLAINFO!B14+PLAINFO!C14*PLAINFO!$F$42/PLAINFO!$C$42)	=D13-G13	=E13
14	=PLAINFO!E15*(PLAINFO!B15+PLAINFO!C15*PLAINFO!$F$42/PLAINFO!$C$42)	=D14-G14	=E14
15	=PLAINFO!E16*(PLAINFO!B16+PLAINFO!C16*PLAINFO!$F$42/PLAINFO!$C$42)	=D15-G15	=E15
16	=PLAINFO!E17*(PLAINFO!B17+PLAINFO!C17*PLAINFO!$F$42/PLAINFO!$C$42)	=D16-G16	=E16
17	=PLAINFO!E18*(PLAINFO!B18+PLAINFO!C18*PLAINFO!$F$42/PLAINFO!$C$42)	=D17-G17	=E17
18	=PLAINFO!E19*(PLAINFO!B19+PLAINFO!C19*PLAINFO!$F$42/PLAINFO!$C$42)	=D18-G18	=E18
19	=PLAINFO!E20*(PLAINFO!B20+PLAINFO!C20*PLAINFO!$F$42/PLAINFO!$C$42)	=D19-G19	=E19
20	=PLAINFO!E21*(PLAINFO!B21+PLAINFO!C21*PLAINFO!$F$42/PLAINFO!$C$42)	=D20-G20	=E20
21	=PLAINFO!E22*(PLAINFO!B22+PLAINFO!C22*PLAINFO!$F$42/PLAINFO!$C$42)	=D21-G21	=E21
38			
39	=SUMME(E3:E38)	=SUMME(F3:F38)	=SUMME(G3:G38)
40			
41		Erlösabw	=K41-B41
42			
43		DBII-Abw	=K43-B43

Abbildung 21: Formeln der Spalten E bis G

Die Abbildung 4 zeigt die Spalten H bis K.

In der Spalte H wird die *Verbrauchsabweichung II* berechnet. Sie ergibt sich aus der Differenz zwischen *Sonderausw.* und den *planpreisbezogenen Istkosten* der Spalte I.

Die *planpreisbezogenen Istkosten* der Spalte I ergeben sich aus dem Produkt der *kostenbezogenen Istmenge* der Inputdaten (PLAINFO) und des *kostenbezogenen Planpreises* der Inputdaten (PLAINFO).

Die *echten Istkosten* ergeben sich in Spalte K als Produkt der *Istmenge* und des *Istpreises* der Inputdaten (PLAINFO).

	H	I	J	K
1				
2	VA2	'Istk(Planp)'	PA	Istkosten
3	=G3-I3	=PLAINFO!F4*PLAINFO!E4	=I3-K3	=PLAINFO!F4*PLAINFO!G4
4	=G4-I4	=PLAINFO!F5*PLAINFO!E5	=I4-K4	=PLAINFO!F5*PLAINFO!G5
5	=G5-I5	=PLAINFO!F6*PLAINFO!E6	=I5-K5	=PLAINFO!F6*PLAINFO!G6
6	=G6-I6	=PLAINFO!F7*PLAINFO!E7	=I6-K6	=PLAINFO!F7*PLAINFO!G7
7	=G7-I7	=PLAINFO!F8*PLAINFO!E8	=I7-K7	=PLAINFO!F8*PLAINFO!G8
8	=G8-I8	=PLAINFO!F9*PLAINFO!E9	=I8-K8	=PLAINFO!F9*PLAINFO!G9
9	=G9-I9	=PLAINFO!F10*PLAINFO!E10	=I9-K9	=PLAINFO!F10*PLAINFO!G10
10	=G10-I10	=PLAINFO!F11*PLAINFO!E11	=I10-K10	=PLAINFO!F11*PLAINFO!G11
11	=G11-I11	=PLAINFO!F12*PLAINFO!E12	=I11-K11	=PLAINFO!F12*PLAINFO!G12
12	=G12-I12	=PLAINFO!F13*PLAINFO!E13	=I12-K12	=PLAINFO!F13*PLAINFO!G13
13	=G13-I13	=PLAINFO!F14*PLAINFO!E14	=I13-K13	=PLAINFO!F14*PLAINFO!G14
14	=G14-I14	=PLAINFO!F15*PLAINFO!E15	=I14-K14	=PLAINFO!F15*PLAINFO!G15
15	=G15-I15	=PLAINFO!F16*PLAINFO!E16	=I15-K15	=PLAINFO!F16*PLAINFO!G16
16	=G16-I16	=PLAINFO!F17*PLAINFO!E17	=I16-K16	=PLAINFO!F17*PLAINFO!G17
17	=G17-I17	=PLAINFO!F18*PLAINFO!E18	=I17-K17	=PLAINFO!F18*PLAINFO!G18
18	=G18-I18	=PLAINFO!F19*PLAINFO!E19	=I18-K18	=PLAINFO!F19*PLAINFO!G19
19	=G19-I19	=PLAINFO!F20*PLAINFO!E20	=I19-K19	=PLAINFO!F20*PLAINFO!G20
20	=G20-I20	=PLAINFO!F21*PLAINFO!E21	=I20-K20	=PLAINFO!F21*PLAINFO!G21
21	=G21-I21	=PLAINFO!F22*PLAINFO!E22	=I21-K21	=PLAINFO!F22*PLAINFO!G22
38				
39	=SUMME(H3:H38)	=SUMME(I3:I38)	=SUMME(J3:J38)	=SUMME(K3:K38)
40				
41			Ist-Erlös	=PLAINFO!$F$42*PLAINFO!$G$42
42				
43			Ist-DB_II	=K41-K39

PLAINFO / PLAINDR / PLAOUPFO / PLAOUPDR / PLAIGPFO / PLAIGPDR / PLAIGIPO / PLAIGIDR

Abbildung 22: Formeln der Spalten H bis K

Aus den *planpreisbezogenen Istkosten* und den *echten Istkosten* ergibt sich die *Preisabweichung* der Spalte J.
Die echten Istkosten werden von den planpreisbezogenen Istkosten abgezogen.

Auch für die Spalten H bis K wird in Zeile 39 die Summe für jede Spalte ermittelt (vgl. Abbildung 4).

Aus diesen Berechnungen kann nun der **Plan-DB II** und der **Ist-DB II** ermittelt werden.

In der Zeile 41 der Spalte B (vgl. Abbildung 2) wird der *Planerlös* aus dem Produkt der *Planmenge der Erlöse* (Inputdaten, PLAINFO, Zeile 42, Spalte C) und dem *Planpreis der Erlöse* (Inputdaten, PLAINFO, Zeile 42, Spalte E) ermittelt.

Der *Plan-DB II* in Zeile 43 der Spalte B ergibt sich dann aus der Differenz zwischen *Plan-Erlös* (Zeile 41, Spalte B) und der Summe der *Plankosten* (Zeile 39, Spalte B).

Ebenfalls in Zeile 41 wird in Spalte K der *Ist-Erlös* ermittelt. Dieser ergibt sich aus dem Produkt von *Istmenge der Erlöse* (Inputdaten, PLAINFO, Zeile 42, Spalte F) und dem *Istpreis der Erlöse* (Inputdaten, PLAINFO, Zeile 42, Spalte G).

Der *Ist-DB II* ergibt sich nun aus der *Differenz* von *Ist-Erlös* und der Summe der *Istkosten* (Zeile 39, Splate K).

Anmerkungen

<u>Zu Kapitel 1:</u>

1)   Vgl. Popper (als Quelle); Hajo Schmidt (als Darstellung); zur Wissenschaftstheorie der BETRIEBSWIRTSCHAFTSLEHRE auch die Monographie von Abel.

1a)   Vgl. zum Einsatz des EXCEL-Werkzeugs „Solver" für diese Falltypen Haas (2000), S. 139ff.

1b)   Steinmann (1981), Beitrag Schreyögg, S. 106.

1c)   Vgl. zum Beispiel Pepels (1999), besonders Kapitel 1 und Kapitel 6.1.

1a)   Randolph beeindruckte mit seiner Dissertation (als ausgebildeter Diplom-Physiker in BETRIEBSWIRTSCHAFTSLEHRE) zunächst einige Betriebswirte. Dipl.-Phys. Lutz u.a. zeigen, dass die realistische Annahme einer objektiven Wirklichkeit mit Erkenntnissen moderner Naturwissenschaft weit besser vereinbar ist als idealistische Konzeptionen, die sich auf die Suche nach mathematischen Weltformeln begeben.

2)   Vgl. Wilde (1987), S. 15ff, und die dort verwendete Literatur.

2a)   Vgl. Dellmann/Franz, Beitrag Kloock, S. 625f, Abb. 6. Allerdings zeigt die weitere Darstellung in diesem Lehrbuch, dass überhaupt nur 2 Ansätze („kumulierte" und „differenziert-kumulierte" Analyse) für reale Entscheidungen brauchbar sein können.

3)   Unabhängig von der gängigen Diskussion des Kostenbegriffs, die letztlich auf unterschiedlichen Kostenrechnungszwecken beruht; vgl. hierzu beispielsweise Hummel/Männel I, Kapitel 1.2, 2; Moews, Kapitel 1.1; Zdrowomyslaw, S. 23ff, 133ff; Götzinger/Michael, Kapitel 1.3.1, 2; Scherrer, Kapitel 2, 3; als Monographie auch Menrad insgesamt.

4)   Vgl. Randolph, S. 136, Anm. 219.

4a)   Vgl. Neumarkter Lammsbräu, S. 10, 19, 23-30, 47.
       Vgl. Müller-Wenk, besonders S. 36-43; zur weiteren Entwicklung dieses Ansatzes auch die Monographie von Braunschweig.

5)   Vgl. Stahlmann, S. 185ff; Müller-Wenk. Veith hat die Argumente „reiner" Betriebswirte gegen eine Erweiterung bzw. Überwindung des herkömmlichen Rechnungswesens exemplarisch (nicht zwangsläufig gegen jede der von D. Schneider kritisierten Theorien) widerlegt.

5a)   Vgl. Palass/Rieker.

6)   Vgl. die Darstellung der Riebelschen „Grundrechnung" bei Ebert, S. 208f, ferner die Gliederungsfunktion von EXCEL, dargestellt bei Haas/Weber (1992), S. 91, 104.

7) Eine differenzierte Darstellung dieses aus der statistischen Qualitätskontrolle stammenden „CUSUM-Prinzips" (benannt nach kumulierten Summen von Abweichungen) zur Ermittlung allmählich entstehender exceptions inclusive Begründung **zweiseitiger Grenzen** auch bei Ungleichheits-Zielsetzung liefert Wilms, S. 141ff: Da sonst ein Sich-Aufschaukeln bei zeitlich vorauslaufender Abweichung in die erwünschte Richtung relativ lange unerkannt bliebe, ist bei „Zu viel" **und** „Zu wenig" eine Ursachenanalyse einzuleiten.

Praxistipp: Wer die bei vielen Studierenden und Praktikern als schwierig verrufene induktive Statistik effektiv nutzen will, wendet standardmässig einfach den ohnehin leichter handhabbaren zweiseitigen Test an. Denn prinzipiell „verdächtig" ist auch eine eigentlich erwünschte starke Abweichung. Oder wollen Sie in einem Haus wohnen, bei dem man sparsamerweise mit 50% des geplanten Materials auskam!?

Vgl. ferner die „Funktionsbeschreibung des Controllers" bei Deyhle/Steigmeier (1993), S. 27f; sowie Schröder, S. 165ff. Zum Grundprinzip des management by exception in der Kostenrechnung - inclusive der psychologischen Seite! - vgl. bereits Norden/Wille, S. 222ff.

8) Vgl. die Diskussion über Sekundärabweichungen = Abweichungen 2. (oder höherer) Ordnung, beispielsweise bei Ebert, S. 210; ferner die häufige Übung, Fertigungslöhne pauschal als variabel zu behandeln, beispielsweise kommentarlos als „Richtwert" dargestellt in Däumler/Grabe III, S. 178; ebd. II, S. 15; Kilger/Vikas, S. 370ff ohne Begründung für den „Normalfall" (ähnlich ebd., S. 106). Dagegen korrekt in dieser Problematik beispielsweise Götzinger/Michael, S. 219, 224; Hummel/Männel II, Aufg. 18 (S. 131, 156ff).

9) Zu Bahlsen vgl. Bloech et al., Beitrag Jobst-Walter Dietz, S. 51, 56; zu Siemens die Darstellung von Ziegler sowie die völlig treffende, die unterschiedlichen Zwecke internen und externen Rechnungswesens klarstellende Replik von Pfaff in zfbf 1994.

10) Die Kritik richtet sich nicht gegen eine Ableitung von Controlling-Rechnungen aus der Finanzbuchhaltung, wie sie etwa bei Klett/Pivernetz/Hauke dargestellt ist. Im Aufsatz von Ziegler ist eine klare Unterscheidung zwischen den Rechnungslegungszwecken und den daraus folgenden konkreten Rechengängen zu vermissen.

11) So in Männel/Müller, Kostenmanagement (1995), S. 61. Zu Für und Wider von Durchschnittsbildungen in der Kostenrechnung vgl. in Kürze Pepels (1999), Beitrag Wilde, Kapitel 5.1.1.1.

12) Harmonie eines derart erweiterten Controlling-Horizonts mit Unternehmenszielen unterstellen beispielsweise die grundlegenden Artikel von Vester und Mayer im „Controlling-Berater". Wesentlich differenzierter beispielsweise Pfriem, besonders Kapitel 4, 6, 8.2, 9.3 (in Kritik an Vesters Ansatz einer Autoindustrie-„Konversion").
Zur Unternehmensethik-Debatte vgl. beispielhaft
den auf der konstruktivistischen Wissenschaftstheorie insbesondere von Lorenzen/Schwemmer beruhenden, harmonisierenden Ansatz von Steinmann (1981), Beitrag Schreyögg, und Steinmann/Löhr (1992), sowie den Versuch einer emanzipatorischen Konkretisierung bei Wilde (1989);

den kapitalismuskritisch-reformerischen St. Gallener Ansatz, s. Ulrich (1993); Ulrich/Thielemann (1990/92); Wittmann; die Diskussion unterschiedlicher Positionen bei Sänger.

13) So befindet die Fa. AEG Hausgeräte GmbH, Nürnberg, nach einem Vortrag von Reiner König an der FH Nürnberg am 26. 6. 96 mit ihrer (durchaus betriebsegoistisch motivierten) Befürwortung einer ökologischen Steuerreform (vgl. AEG, S. 69f) - ohne deren Für und Wider hier näher zu diskutieren - in einer Minderheitenposition unter deutschen Unternehmen.

Zu Kapitel 2:

01) Vgl. Vollmuth/Pepels, S. 68 ff (zwar mit kritischer Würdigung, aber ohne Weiterentwicklung der Przeßkosten)

02) Vgl. beispielsweise den Beitrag von Ansoff in Steinmann (1981), S. 233ff.

03) Vgl. die ausführliche Diskussion der Begriffe „kumulativ" und „differenziert-kumulativ" wie auch der Folgerungen aus den unterschiedlichen Ansätzen bei Dellmann/Franz, Beitrag Kloock, S. 620ff.

04) Vgl. Wilms, besonders S. 120-125, im Gegensatz zu Dellmann/Franz, Beitrag Kloock, besonders S. 627, und Kloock/Sieben/Schildbach, besonders S. 233.

05) Die differenziert-kumulative Analyse hat auch das Problem zu berücksichtigen, dass die **Vorzeichen von Abweichungen höherer Ordnung nicht mehr schematisch interpretierbar** sind. Bekanntlich ergibt die Multiplikation zweier negativer Differenzen ein positives Vorzeichen, obwohl sicher ein zu hoher Preis und eine zu hohe Menge **nicht** zu geringeren Kosten führen. Zu dieser – in Kloocks Konzeption noch stärker ausgeprägten - Problematik vgl. Dellmann/Franz, Beitrag Kloock, besonders S. 627, sowie die Diskussion der Wilms'schen „Min-Form" in Kapitel 4.2 dieses Lehrtextes.

06) Frühe Kritik schon - mit Anführungszeichen im Original - bei Norden/Wille, S. 180.

07) Dieses „Daumenpeilen" wird (zukunftsorientiert im Anschluss an Kilger) bei Ebert, S. 175, dargestellt. Wieso sich die Methode „besonders bei Kostenarten" eignen soll, „deren Mengengerüst eindeutig bestimmbar ist" (ebd., S. 176), bleibt offen. Auch hier besteht (wieder einmal) keine eindeutige Terminologie, da beispielsweise Däumler/Grabe III, S. 154f, eine vergangenheitsorientierte Auflösung aus 2 Istwerten als „buchtechnisch-statistische Methode" bezeichnen.

08) Vgl. als Musterbeispiel dieses Vorgehens die Diplomarbeit von Dolch.

09) Vgl. Däumler/Grabe III, S.173ff.

10) Vgl. ebd., S. 152ff.

11) **Hier** nicht näher analysiert wird die Frage, in welchen konkreten Situationen die übliche (und zum anderen auch sinnvolle) Datenbasis „kurzfristige Erfolgsrechnung" etwa durch Zeitaufschreibungen bezüglich einzelner Fertigungslose zu ersetzen ist. Diese Dokumentation benötigter „Lohnstunden" ermöglicht auf sehr kurzfristiger Entscheidungsebene eine Aufspaltung in (fixe) Rüst- und (variable) Produktionszeit im engeren Sinne.

12) Vgl. die ausführliche Darstellung in Haas (2000), Kapitel 2.3

13) In manchem Lehrbuch scheint ein historischer Rückblick auf (zu) starre Vorläufer unvermeidlich zu sein; vgl. beispielsweise Michel/Torspecken, Kapitel 2.5; Christmann/Witthoff, Kapitel 8.3.3; Hummel/Männel II, Kapitel 4.1; Ebert, S. 144f; Däumler/Grabe III, Kapitel 5.2.2; Coenenberg et al. (1993), S. 343ff; Götzinger/Michael, Kapitel 7.2.3.1. Hier soll davon abgesehen werden.

14) Vgl. beispielsweise Christmann/Witthoff, Kapitel 8.3.4/8.3.5; Hummel/Männel II, Kapitel 4.2; Ebert, S. 146ff; Däumler/Grabe III, Kapitel 5.2.3; Coenenberg et al. (1993), S. 347ff; Zdrowomyslaw, S. 485ff; Götzinger/Michael, Kapitel 7.2.3.2.

15) Vgl. beispielsweise Michel/Torspecken, Kapitel 3.3.1; Christmann/Witthoff, Kapitel 9.6; Hummel/Männel II, Kapitel 4.3; Ebert, S. 210ff; Däumler/Grabe III, Kapitel 5.2.4; Coenenberg et al. (1993), S. 349ff; Zdrowomyslaw, S. 494ff; Götzinger/Michael, Kapitel 7.4.3., ferner die nach verschiedenen Einflussgrössen realitätsnah unterscheidende, sprachlich aber missverständliche Analyse von (hier nicht weiter dargestellten) „Intensitätsabweichungen" bei Kilger/Vikas, S. 645ff.

16) Zum Unterschied zwischen „einfach"- und „mehrfach"- bzw. „voll-flexiblen" Plankostenrechnungs-Ansätzen vgl. insbesondere Kilger/Vikas, Kapitel 2.122; ferner Michel/Torspecken, S. 48f; Christmann/Witthoff, S. 252f; Däumler/Grabe III, Kapitel 5.2.5 und 5.4.4; Coenenberg et al. (1993), S. 346; ferner die (konstruktive) Kritik an einer älteren „voll-flexiblen" Variante bei Plaut in Männel/Müller, Kostenmanagement (1995), S. 5ff.

17) Vgl. Kilger/Vikas, S. 48; ähnlich auch Huch/Behme/Ohlendorf, S. 53.

18) Vgl. Kilger/Vikas, S. 51ff.

19) Ebd., S. 55.

20) Vgl. als Gegenbeispiel das Vorgehen von Hahn, S. 444f, 491, der in seinem konkreten Ansatz die ihm unerlässlich scheinende „Beschäftigungsabweichung" der Grenzplankostenrechnung als „Nebenrechnung" hinzufügt. Däumler/Grabe III, S. 92f, unterscheiden ansatzweise zwischen Prinzip und Anwendung„ was jedoch ebd., S. 98, in einer pauschalen Tabelle wieder untergeht.

21) Vgl. Pepels (1999), S. 250f.

22) Plaut in Männel/Müller, Kostenmanagement (1995), S. 13.

23) Vgl. Abb. 1-10 bei Kilger/Vikas, S. 110.

24) Vgl. beispielsweise Däumler/Grabe III, Kapitel 5.3 sowie Aufgabe 5.14 (S. 189 und 299); Kilger/Vikas, S. 151-159.

25) Vgl. - allerdings mit Stagnation der westdeutschen Produktivität seit 1991 - Statistisches Bundesamt, S. 250; der missverständliche Sprachgebrauch tritt selbst bei Thommen, S. 129, als Vertreter management-orientierter BETRIEBSWIRTSCHAFTSLEHRE auf.

26) Plaut plädiert (in Männel/Müller, Kostenmanagement (1995), S. 62f) explizit für ein „Festpreissystem"; bei Zdrowomyslaw, S. 485f, wird dementsprechend explizit zwischen „Istkosten der **Ist**kostenrechnung" und „Istkosten der **Plan**kostenrechnung" differenziert.

Das Problem mancher Lehrbücher (beispielsweise Däumler/Grabe III, S. 94f) besteht darin, ihre Annahmen nicht zu explizieren. Die Terminologie ist uneinheitlich; so differenziert Ebert, S. 211, eine „Verbrauchsabweichung" aufgrund einer Differenz aus Soll- und Istkosten (zu Istpreisen) in Mengen- und Preisabweichung.

27) Dieser Verzicht auf Ausweis einer „Beschäftigungsabweichung" (die Diskussion von deren Problematik erfolgt u.) wird i.a. anerkannt, so beispielsweise bei Däumler/Grabe III, S. 95; Götzinger/Michael, S. 215; Huch/Behme/Ohlendorf, S. 67.

28) Vgl. Pepels (2003), Kapitel „Kosten- und Leistungsrechnung".

29) Einführende Darstellungen wie bei Kilger/Vikas, S. 173, Ebert, S. 212, oder Moews, S. 282f, lassen die v.a. bei Wilms, S. 98ff, diskutierte Problematik beiseite, ob Abweichungen höheren Grades überhaupt existieren. Ferner ist zu berücksichtigen, dass bei den sog. „kumulativen Abweichungsanalysen", die also Abweichungen höheren Grades bewusst willkürlich zuordnen (vgl. hierzu beispielsweise Kilger/Vikas, Kapitel 2.213; Coenenberg et al. (1993), S. 360ff), Abweichungen höheren Grades „erfunden" werden müssen, um die Definition der Verbrauchs- und Preisabweichung konstant zu lassen. Vgl. hierzu Diskussion und Fallunterscheidung in Kapitel 3.1 dieser Arbeit.

30) Vgl. Serfling, Fall Nr. 34.

30a) Vgl. Groll (1977), S. 101-108.

31) Vgl. Coenenberg et al. (1993), S. 374ff.

32) Verwendet wird das Beispiel Serflings; vgl. Serfling, besonders die Formeln (S. 271f) und die zusammenfassende Tabelle (S. 275); zur etwas unübersichtlichen Vorzeichen-Konvention (die im Lehrtext bereits an die der Tabelle angeglichen wurde) ebd., S. 274.

33) Vgl. Serfling, S. 271f.

Der hier vertretene Ansatz hat insofern einen weiteren Anwendungsbereich, als produktspezifische Fixkosten nicht „automatisch" als Null unterstellt werden. Denn Serfling verwendet nur „Grenzselbstkosten/St." (S. 271) und fixe Kosten als „Periodenfixkosten" (S. 269), die erst nach der Aufsummierung der Deckungsbeiträge abgezogen werden.

34) Serfling, S. 276. Groll (1986), S. 107ff, schlägt als Alternative (ohne Präferenz für das eine oder andere Vorgehen, vgl. S. 108, Anm. 60) ein Ausgehen von den Umsätzen anstelle der Mengen vor. Dieses Prinzip ist, da auf die Voraussetzung der Addierbarkeit der Mengen verzichtet wird, im Gegensatz zu dem vorgestellten Verfahren von Serfling allgemein anwendbar. Zur Verdeutlichung der prinzipiellen Zusammenhänge sowie der Problematik uneinheitlicher Terminologie erscheint die einfachere Formelstruktur bei Serfling bzw. Coenenberg et al. hier geeigneter. In der praktischen Umsetzung des PC-unterstützten Systems STRELAPLAN ist dagegen ein Modul nach dem Ansatz von Groll (1986) geplant.

35) Vgl. die (im Detail unterschiedliche) Methodik bei Groll (1986), S. 107ff.

36) Die Argumentation bezieht sich bei Coenenberg et al. (1993) auf die S. 379ff dargestellte deckungsbeitragsbezogene Analyse. Wie sehr sich einfache mathematische Ansätze bei Einführung der (realistischeren) Annahme einer Abhängigkeit von Absatzmengen und -preisen ändern, zeigt beispielsweise das variierte Produktionsplanungsmodell bei Moews, S. 242ff.

37) S. die Interpretation der herkömmlichen Beschäftigungsabweichung als Leerkosten, besonders deutlich - inclusive Kritik von deren Aussagekraft - bei Moews, S. 275, 288ff; vgl. ferner Serfling, S. 171ff.

38) Unter dem Aspekt möglicherweise auftretender Nichtlinearitäten kann nur ein lokales, kein globales Optimum behauptet werden.

Das vorgestellte Paradigma einer „praxisgerechten Plankostenrechnung" ist mit dem Anspruch Grolls und Serflings vereinbar, Kosten- und Erlösseite integriert zu analysieren. Die für pragmatische Entscheidungen verkürzte EDV-Version STRELAPLAN verzichtet wegen der impliziten kühnen Annahmen derzeit auf eine (grundsätzlich integrierbare) Aufspaltung der Erlösabweichung. Praxisgerechte Plankostenrechnung liefert jedenfalls eine praktikable Rechentechnik zu entsprechenden, mehrfach im Sammelband von Männel, Prozesskostenrechnung (1995), aufgestellten Postulaten der Integration der betrieblichen Sphären.

39) Vgl. Rollwage, S. 48ff, 60ff.

40) Vgl. beispielsweise Preissler/Dörrie, S. 131ff; dagegen weist der BAB-„Klassiker" von Norden/Wille durchaus sinnvollerweise nur Vergleiche zwischen Ist und (dort) Normal-Kosten bzw. deren Sätzen aus (vgl. besonders Darstellung 37).

41) Ebert, S. 83ff; Darstellung (teilweise mit Kritik an der Verwendung verrechneter Kosten) bei Serfling, Fälle Nr. 8-10.

42) So Preissler/Dörrie, S. 93f; Christmann/Witthoff, S. 75.

43)   Deppe, S. 45.

44)   Vgl. - bereits mit Einbezug der Deckungsbeitragsrechnung – den Artikel von Obdenbusch im Loseblattwerk „Controlling Berater".

45)   Vgl. Wilms, S. 152, zum Problem der Scheinharmonie sich kompensierender Einflüsse.

46)   Vgl. Deyhle et al. (1994), S. 47f.

47)   Vgl. Gruber, S. 156-161; Dellmann/Franz, Beitrag Kloock, Kapitel 2; Wilms, S. 36, 163.

<u>Zu Kapitel 3:</u>

1)   Eine Ausnahme stellt der Ansatz von Wilms, besonders S. 120-125, dar, auf den im weiteren Verlauf der Argumentation wiederholt eingegangen wird.

1a)   Vgl. Däumler/Grabe III, S. 62f, die implizit konstante Outputmengen unterstellen und damit Plan=Sollgrössen setzen. Vgl. ferner Rollwage, S. 60ff, mit der hier vorgeschlagenen **Definition** von Preis- und Verbrauchsabweichung, ferner die differenzierte Darstellung bei Wilms, S. 84ff.

1b)   Bei Dellmann/Franz, Beitrag Kloock, besonders S. 622-640, wird der Ansatz von „Teilabweichungen 1. Ordnung auf Ist-Basis" favorisiert, durch die „unmittelbar die möglichen Kostenänderungspotentiale angegeben (werden), die durch eine alleinige Anpassung der jeweiligen Einflussgrösse an ihre Soll-Vorgabe erreichbar sind" (S. 635). Dies erfordert ebenso einen Abgleich über „erfundene" Sekundärabweichungen wie im hier vorgeschlagenen Ansatz (vgl. besonders S. 629 zur Identität mit Teilabweichungen der ansonsten von Kloock abgelehnten „alternativen" Abweichungsanalyse). Betroffen sind bei Kloock sogar Fall I, III und IV, da grundsätzlich Differenzen mit den **Ist**werten der jeweils anderen Einflussgrössen bewertet werden. Pointiert gesagt, ist nur das Wilms´sche Vorgehen **differenziert**-**kumulativ**, da es in den eindeutigen Fällen III und IV keine Sekundärabweichungen „erfindet"; vgl. Wilms, besonders S. 120-125.

1c)   Wilms, S. 98ff, berücksichtigt hingegen immer, ob berechenbare Sekundärabweichungen überhaupt existieren.

1d)   Das Zahlenbeispiel wurde gegenüber einem vom Autor bei Pepels (1999), S. 248f, veröffentlichten Beispiel erheblich erweitert und teilweise variiert.

2)   Vgl. Kapitel 2, Anm. 20.

2a)   Der relativ hohe Anteil variabler Personalkosten im Zahlenbeispiel könnte auf hohem Anteil von Aushilfskräften oder dem Einsatz flexibler Arbeitszeitmodelle beruhen.

2b)   Man beachte die Proportionalisierung fixer Kosten, der ja kein entsprechender realer Vorgang gegenübersteht.

3) Vgl. zum Stand der Technik hinsichtlich der „flexiblen Plankostenrechnung" beispielsweise Coenenberg et al. (1993), 14. Kapitel, besonders S. 346-367; hinsichtlich der „Grenzplankostenrechnung" Müller, besonders S. 102-117, 125ff, 210ff, 400ff.

4) Vgl. besonders Müller, S. 366ff, der u.a. die Wahl alternativer Produktionsverfahren einbezieht.

In der Forschung hat Lause auf der Basis differenziert-kumulativer Analyse in derWilmsschen Variante der „Auswahl der niedrigeren der möglichen Bezugsbasen" (Lause, S. 277) die in der Literatur oft nur postulierten Sonderauswertungen u.a. für folgende Fälle rechen- und EDV-technisch konkretisiert (vgl. ebd., Kapitel 4):

- „Materialkostenabweichungen" nach Einflussgrössen wie Verschnitt, Ausschuss, Mischung;

- Analyse produktionsnaher Gemeinkosten nach Einflussgrössen wie Seriengrösse und Intensität (mit weiterer Aufspaltung);

- „Erlöskontrolle", die über die Serflingschen Einflussgrössen hinaus bis hin zu Rabattsatz- versus Rabattklassenabweichungen geht.

Dieser Ansatz ist sinnvollerweise - nach Beseitigung der spezifischen Probleme des Wilmsschen Min-Prinzips, vgl. Kapitel 4, Anm. 35-37 - in eine künftig noch zu entwickelnde **vollständige** EDV-orientierte Plankostenrechnung einzubeziehen. In der hier vorgelegten Darstellung von Grundprinzipien und Stand der Technik werden diese Detailfragen nicht vertieft.

4a) Vgl. beispielsweise die Darstellung bei Däumler/Grabe III, S. 94ff.

4b) Vgl. die knappe Gegenüberstellung bei Ahlert/Franz, S. 219ff.

Ansätze wie der von Müller (vgl. besonders S. 110f) oder Vikas (vgl. besonders S. 112f) laufen auf eine Parallelrechnung zu Voll- und Grenzkosten hinaus und bergen daher das Risiko logisch unbegründeter Entscheidungen, sofern die Anwender der Systeme die Voraussetzungen der Modelle nicht hinterfragen!

4c) Kurze Darstellung und Kritik (interessanterweise im Marketing-Kapitel) bei Thommen, S. 254ff. Gerade für kleine und mittlere Unternehmen bleibt break-even-Analyse eines der leistungsfähigsten heuristischen Planungsinstrumente. Denn selbst wenn - etwa über evtl. ungenaue Äquivalenzziffern - eine Gesamt-Produktionsmenge wegen unterschiedlichem möglichem Mix sich methodisch auf dem Niveau der Kunstlehre bewegt, so ist Erreichen oder Verfehlen des break-even-points ein wichtiges Kriterium, um Kapazitäten mittel- bis langfristig zu planen. Abgesehen davon nimmt diese Analyse - bezogen auf Deckungsbeitrag, nicht Betriebsergebnis - eine korrekte Abbildung der Situation auf Ebene der Umsätze und Einzelkosten vor.

4d) Eine kurze Diskussion der unterschiedlichen Konzeptionen sogenannter und echter Beschäftigungsabweichung findet sich in Kapitel 3.4. Vgl. ferner Kapitel 4, besonders Anm. 26 dieser Arbeit.

5) In früheren Versionen verwendete ich in Anlehnung an den alten Stand der Technik den Terminus „beschäftigungsbedingt" anstelle von „outputmengenbedingt". Ich bin den Studierenden des Seminars „Plan- und Teilkostenrechnung" an der Fachhochschule für Wirtschaft (FHW) Berlin zum Dank für die konstruktive Kritik an der früheren Begriffsbildung verpflichtet. Vgl. ferner Kapitel 2, Anm. 5c.

6) Groll (1986), S. 102ff, verwendet bereits ein Schema, das Produktions- und Absatzsphäre integriert (vgl. auch die nicht völlig identische Darstellung bei Serfling, Fall Nr. 34). Der hier vorgestellte Ansatz analysiert die Kostenseite u.a. durch explizite Berücksichtigung von Fixkosten differenzierter, die Erlösseite stärker zusammenfassend als Groll. **Sofern** die ausgeprägte Differenzierung im Sinne Grolls angestrebt wird, bietet sich eine Zerlegung seiner „Absatzmengen-Abweichung" (S. 107) in echte Beschäftigungsabweichung und Mengenkomponente der Erlösabweichung an, um das Controlling von Produktions- und Absatzseite nicht zu „vermischen".

6a) Hier noch nicht berücksichtigt sind die Fälle fixer Kosten(anteile) ohne Mengengerüst, vgl. Kapitel 4, Anm. 23. In solchen Fällen sind die Formeln für Kosten um einen derartigen Summanden zu ergänzen.

Die **fixen Mengen** der Einkaufs-Seite fallen typischerweise zur Aufrechterhaltung der Betriebsbereitschaft an.

„Routinemässige" Zuordnungen, etwa der Fertigungslöhne als proportional, sind ebenso zu überprüfen wie mögliche Nichtlinearitäten. Die (damalige) empirische Begründung für die (nahezu) ausschliessliche Existenz linearer Kostenfunktionen durch Plaut (unter Bezug auf Gutenberg) in Männel/Müller, Kostenmanagement (1995), S. 9, lässt sich nicht einfach von (vor) 1953 in die Gegenwart übertragen!

Mindestmengen beispielsweise der Bierabnahme brauereigebundener Gaststätten werden nicht durch die hier vorgeschlagene additive Formelstruktur erfasst, sondern führen zu einer geknickten Kostenfunktion. Mindestmengen an Input implizieren in derartigen Fällen fixe Kosten, **wenn** sie unterschritten wurden; ansonsten liegen variable Kosten vor.

7) Der beispielsweise bei Dellmann/Franz, Beitrag Kloock, S. 621, angesprochene Unterschied der Vorzeichen-Richtung von Abweichungen wird hier nicht thematisiert.

8) Vgl. beispielsweise das von Mann als einem der führenden Controller postulierte „visionäre" Management, den zeitlichen Vorlauf mentaler Einstellung vor materiellem Erfolg bei Hill sowie - als „harten" Erfolgsfaktor - den Ansatz der „Systemwirtschaftlichkeit" von Pfeiffer/Weiss/Strubl (1995). Auch in der Kostenrechnungs-Literatur wird die „reine" betriebswirtschaftliche Kostenbetrachtung zuweilen transzendiert, vgl. die Kritik am Sprachgebrauch von „Freisetzung" und die Interpretation des sozialen Friedens als „wichtiger Produktionsfaktor" bei Däumler/Grabe III, S. 163f.

8a) Andere Literaturmeinungen bleiben unberücksichtigt, da nur die zwei vorgestellten Auffassungen dem Anspruch genügen, eine Gesamtabweichung (hier allgemein zwischen tatsächlichem und geplantem Deckungsbeitrag; bei Betrachtung nur der Input-Seite zwischen geplanten und tatsächlichen Kosten) **vollständig und ohne Doppelzählungen** in Teilabweichungen zu zerlegen. Wird diese Grundvoraussetzung durch ein Plankostenrechnungssystem nicht erfüllt, so ist das Verfahren für die Bewertung von Handlungen mangels Transparenz nicht anwendbar.

9) Vgl. Dellmann/Franz, Beitrag Kloock, besonders S. 634. Diese Kritik trifft jedoch auch das von Kloock selbst favorisierte Verfahren; vgl. Anmerkung 1b) dieses Kapitels.

9a) Im Kloockschen Sprachgebrauch: Teilabweichung 1. Ordnung auf Soll-Basis.

10) Nach Plaut in Männel/Müller, Kostenmanagement (1995), S. 13, insbesondere die **rechentechnische** Annahme der Gleichheit geplanter und tatsächlicher Fixkosten.

11) Vgl. Dellmann/Franz, Beitrag Kloock, besonders S. 622ff.

12) Sollkosten stellen in der Terminologie von Kloock/Sieben/Schildbach (1993), S. 228f, „Ex-post-Soll-Istgrössen" dar (jedenfalls, wenn mögliche Planrevisionen mit einkalkuliert sind). Vgl. ferner Wilms, S. 37f, 153.

Zu Kapitel 4:

1) Insbesondere seit der grundsätzlichen Ausdifferenzierung verschiedener „Schulen", u.a. durch Kilger, Riebel und Plaut; vgl. zu letzterem Männel/Müller, Kostenmanagement (1995).

2) Der „state of the art" zeichnet sich durch eine Wissenschaft der Deckungsbeitrags- und eine Kunstlehre der Plankostenrechnung aus, vgl. beispielsweise Däumler/Grabe II mit Däumler/Grabe III.

3) Relevante Kosten beinhalten somit die üblichen variablen Kosten als Spezialfall, s. beispielsweise Ahlert/Franz, S. 103ff, 138ff. Das Ausgehen von relevanten Kosten, also die Frage „Was wird durch eine bestimmte Entscheidung hervorgerufen – und was bleibt gleich?" liegt auch der Wahl des optimalen Zeitpunktes bei Produktionseinstellung zu Grunde, vgl. Pepels (1999), S. 265ff.

4) Vgl. Coenenberg et al. (1993), Kapitel 15, wobei Prämissen wie Unabhängigkeit von Absatzpreisen und -mengen in der Praxis sehr gewagt erscheinen.

5) So bei Kloock/Sieben/Schildbach (1993), besonders S. 231; Wilms, S. 37f, 153.

6) Vgl. beispielsweise die Produktionsprogrammplanung bei Moews, Kapitel 4.6.6, wo auch ein Modell dargestellt wird, das die meist realistische Abhängigkeit von Absatzpreisen und -mengen einkalkuliert.

7) Vgl. beispielsweise Männel/Müller, Kostenmanagement (1995), besonders Abschnitt C; Müller; Vikas; ferner die durch Vikas bearb. 10. Aufl. von Kilgers „Flexibler Plankostenrechnung und Deckungsbeitragsrechnung"; zur Methodik der Erstellung von einschlägigen Pflichtenheften - trotz mittlerweile obsoleter Marktübersichten - Horváth/Petsch/Weihe. Welchen Niederschlag Plauts System auch in SAP-Modellen gefunden hat, wird hier nicht erörtert.

8) S. den nicht zuletzt aufgrund von EDV-Restriktionen gescheiterten Herlitz-Versuch, dokumentiert bei Jerichow.

9) Vgl. etwa die Lagerbestandsbewertungs-Methodik bei Müller, S. 118ff.

10) Was nach Heinrich/Roithmayrs „Einleitung", besonders S. XII, auch typisch für die Wirtschaftsinformatik zu sein scheint.

11) Vgl. Haas (2001); Haas (2000); Haas (1999); Haas/Weber (1992); als Gesamtkonzept mit expliziter Entscheidungsorientierung Fischer/Rogalski.

12) Vgl. besonders

- Coenenberg/Fischer (1991) mit weitreichender Resonanz in der wissenschaftlichen Diskussion in Deutschland;

- Holzwarth als Kurzdarstellung der Methodik;

- Wilden zur kritischen Darstellung des innovativen Anspruchs dieses Instruments;

- den Sammelband von Männel, Prozesskostenrechnung (1995),

- als neuere Darstellungen den Aufsatz von Fank/Gay sowie die praxisorientierte Begründung bei Pepels (1999), S. 255f.

13) Eine Konzeption der Verknüpfung von Teil- und Prozesskostenrechnung findet sich bei Müller, Kapitel B.3.1.1.4; zur vorherrschenden Vollkostenorientierung des Instruments vgl. den Aufsatz von Franz.

14) So bei Rollwage, besonders S. 61ff.

15) Besonders bei Riethmüller.

16) S. Liepe, insbesondere auch dessen Kritik an bislang publizierten Ansätzen der Umweltkostenrechnung.

17) Vgl. besonders Kloock; Wilms, besonders S. 69ff; dagegen noch auf die Dichotomie zwischen „kumulativer" und „alternativer" Abweichungsanalyse begrenzt Kilger/Vikas, S. 174ff.

18) Vgl. das deskriptive vs. theoretische vs. pragmatische „Wissenschaftsziel einer Lehre der Kostenrechnung" bei Angst/Fehr, S. 42ff.

19) S. die kurze, aber kritische Darstellung der Plankostenrechnung bei Streitferdt, S. 45ff.

20) Zu REFA und deren Kritik vgl. Spitzley.

21) Riethmüllers grundlegende Innovation der Deckungsbeitragsrechnung besteht darin,

a) den relevanten Teil der Fixkosten nach ihrer Verursachung durch Kunden bzw. Produkte zu unterscheiden,

b) beide Fixkosten-Arten in einem zweidimensionalen Schema zu integrieren.

In Erweiterung der Konzeption mehrstufiger Deckungsbeitragsrechnung können damit im Krisenmanagement passende Kunde-Produkt-Kombinationen zum „Gesundschrumpfen" identifiziert, analog auch bei Überbeschäftigung Prioritäten gesetzt werden.

Sinnvoll ist Anwendung mehrdimensionaler Deckungsbeitragsrechnung dann, wenn die unterschiedlichen Produkte/-gruppen mit unterschiedlichen Kunden(gruppen) kombinierbar sind. Die Gepflogenheiten beispielsweise der grossen Einzelhandelsketten gelten dann auf der Absatzseite, egal aus welcher Produktionslinie das Erzeugnis stammt.

Ist dagegen jeweils ein(e) Produkt(gruppe) einem Kunden bzw. einer Kundengruppe zuzuordnen (beispielsweise bei Segmentierung der Zielgruppen von Informationsdiensten in Firmen, Behörden, Gewerkschaften/Betriebsräte mit geringen Überschneidungen), so würde das zweidimensionale Schema einen Teil der relevanten Fixkosten „verstecken", die Entscheidung also verfälschen.

Im Grundsatz können auch andere Kombinationen als „Produkt/Kunde" verwendet werden; das ist eine pragmatisch zu entscheidende Frage. Beispielsweise wurden in einem meiner Praxisprojekte für ein Unternehmen des kollektierenden Einzelhandels in der Recycling-Branche die Dimensionen „Lieferant=Stadtteil" und „Produkt" kombiniert, da die Grosshändler der Absatzseite ohnehin nicht zur Disposition standen.

22) Vgl. die Beiträge in Männel/Müller, Kostenmanagement (1995), die sich im Lauf der Zeit weit von Plauts ursprünglich empirischer Basis der Grenzplankostenrechnung (so S. 3-31) entfernten.

23) Konkretes Beispiel: Bei Strom- oder Telefonrechnungen treten auch fixe Kosten in Geld- statt Mengengrössen auf. Die derzeitige EDV-Version „STRELAPLAN" erfordert (noch) ein „künstliches" Umrechnen solcher Grundgebühren in Mengeneinheiten. Dies ist gegenüber einem (für die nächste Version vorgesehenen) direkten Ausweis beispielsweise in DM für zahlreiche Studierende nicht nachvollziehbar. Der Transfer in die (sowie das feedback aus der) Praxis erfolgt über Kurzseminare und Kooperationsprojekte.

24) Vgl. Wilde (1987), Kapitel 2.2.1.

25) Das Modell hat einen ersten Ausgangspunkt in der kurzen Analyse der wirtschaftssystembedingten Anwendungsvoraussetzungen von Systemen der Plan- und Teilkostenrechnung bei Wilde (1987), Kapitel 11.5.4.2.

Die entscheidende Anregung zum Bruch mit dem bislang vorherrschenden Plankostenrechnungs-Paradigma ergab sich 1993 im betriebsinternen Meister-Seminar einer sächsischen Glasfabrik.

Die Entscheidung zwischen Wissenschaft und Kunstlehre ist für die Betriebswirtschaftslehre kein „Entweder - oder", sondern ein „Mehr bzw. weniger". Die wissenschaftliche Dimension etwa in Form der Kriterien des POPPERschen kritischen Rationalismus ist zumindest auf der Meta-Ebene nötig, um die Eignung unterschiedlicher Kunstlehren (die vom pragmatischen Standpunkt genauso legitim sind wie die Ausdifferenzierung von Ingenieur- gegenüber Naturwissenschaften) fundiert zu beurteilen.

26) Vgl. Rollwage, S. 48ff, 60-63, und - darauf aufbauend - Wilde (1995); ferner die ausführliche Darstellung bei Kloock/Sieben/Schildbach (1993), S. 230-236, die explizit auch zwischen ex-ante- und ex-post-Planung unterscheiden (eine Differenzierung, die im hier vorgelegten Modell über Sonderauswertungen einbezogen werden kann, jedoch nicht als Standard vorgesehen ist).

Buchholz, S. 45, führt den Terminus auf Freidank zurück. Die historische Entwicklung des Begriffs ist eine der in der Grundlagenforschung noch zu klärenden Entwicklungslinien.

Moews unterscheidet zwar (S. 287ff) zwischen der (hier favorisierten) „Budget-" und der (in der herrschenden Meinung bevorzugten) „Standardkostenrechnung", stuft aber letztere als relevanter ein. Bei Schröder, S. 153, wird die echte Beschäftigungsabweichung bezeichnet als „sogenannte Mengenabweichung, die eine Aussage über die Minderkosten aufgrund einer niedrigeren Beschäftigung als der geplanten Beschäftigung macht. Sie ist nicht zu verwechseln mit der Beschäftigungsabweichung der flexiblen Plankostenrechnung auf Vollkostenbasis, die de facto nichts anderes ist als eine Kalkulationskorrektur." Eine frühe explizite Kritik der herkömmlichen „Beschäftigungsabweichung" findet sich bei Norden/Wille, S. 216ff.

Vgl. zur Diskussion „sogenannte" versus „echte Beschäftigungsabweichung" besonders Teil II, Aufgabe 2.

27) Vgl. Tettner, besonders Kapitel 4.2.4, sowie das Zahlenbeispiel in Kapitel 5. Zum Einbezug der Absatzsphäre vgl. ferner insbesondere Teil II, Aufgabe 3.

28) Vgl. Riethmüller.

29) Vgl. besonders Wilms, S. 64ff.

30) Favorisiert v.a. von Wilms, besonders S. 69ff.

31) Vgl. den Anspruch bei Wilms, Kapitel 217 und 344.

32)   Vgl. Wilms, Kapitel 21, insbesondere S. 15 (Zitat zu Kriterium c), ferner S. 322ff. Die Koordinationsfähigkeit ist nach Steinmann (1981), Beitrag Streitferdt, S. 433, eine Frage der Zweckmässigkeit, nicht eine der logisch zwingenden Klassifikation.

32a) Vgl. Wilms, besonders S. 13-17, 322ff.

33)   Vgl. das Plädoyer für Einbezug auch sekundärer Abweichungen beispielsweise in „Kostenstellenleiterbesprechungen" bei Wilms, S. 52f.

33a) Vgl. den „Szenario-Manager" in EXCEL, dargestellt bei Haas (2000), Kapitel 6.

34)   Vgl. Wilms, S. 318ff.

35)   So die Kurzbezeichnung bei Dellmann/Franz, Beitrag Kloock, besonders S. 629.

36)   Vgl. Wilms, S. 120. Dagegen suchen Werner/Brokemper in ihrem innovativen Modell nach „best of class"-Alternativen in einem Benchmarking-Prozess mit **realen** Ausprägungen.

37)   Vgl. den mathematischen Beweis von Dellmann/Franz, Beitrag Kloock, S. 630f.

38)   Vgl. Dellmann/Franz, Beitrag Kloock, besonders S. 634, Abb. 7.

39)   Das bei Dellmann/Franz, Beitrag Kloock, S. 636, vorgeschlagene Verfahren, „lernorientierte Kontrollinformationen" stets mit Sollwerten (er unterscheidet ja nicht zwischen Plan und Soll) für die nicht-beeinflussbaren Faktoren zu ermitteln (vgl. auch Wilms, S. 318ff), ermöglicht einen Abgleich mit Hilfe der „übrigbleibenden" höheren Abweichungen.

Viele Entscheidungsträger ausserhalb des Rechnungswesens versuchen, gerade wenn ihre Leistungsbewertung von Kennzahlen abhängt, diese auf Konsistenz mit dem ihnen zugänglichen Zahlenmaterial zu „verproben" (geht das Ganze auf?). Wie nachvollziehbar hierfür das Wilms'sche System ist, sei dahingestellt.

40)   Fischer/Rogalski, S. 102ff, entscheiden sich in der konkreten Ausgestaltung ihres EDV-Systems KOREX ebenfalls für kumulative Analyse (wenngleich noch nicht für die Integration von Plankosten- und Deckungsbeitragsrechnung). Vom eigenen Anspruch der Autorinnen (vgl. besonders die einleitenden Kapitel zur relationalen Datenbankkonzeption, besonders S. 23-33) her müsste KOREX um Nebenrechnungen zu einem System erweiterbar sein, das auch Kloocks oder Wilms' Ansprüchen genügt.

41)   Auf einen (mathematisch ohnehin trivialen) allgemeinen Beweis wird hier verzichtet.

42)   Insbesondere die Konzeption von Rollwage ist mehr am Controlling des Einkaufs als der Produktion orientiert.

Zu Kapitel 5:

1) Vgl. auch Wilms, S. 162ff.

2) Vgl. beispielsweise Rauberger, insbesondere Abb. 1, jedoch auch die grundsätzliche Darstellung der Kennzahlenproblematik bei Clausen/Rubik. Das Problem von Kennzahlensystemen als Kunstlehre gegenüber solchen als Wissenschaft besteht weniger im Funktionieren („Konstruktionsfehlern" wird durch Erfahrungswissen der Controller gegengesteuert) als in der Transferierbarkeit der Regeln. An dieser Stelle kann nicht weiterverfolgt werden, ob die Modewelle der fuzzy logic in der Forschungsförderung die Weiterentwicklung des Controlling zur Wissenschaft fördern kann bzw. wird.

3) Insbesondere die Beispiele bei Haas (1999), besonders S. 37-63, 185-193, beziehen bei ihren Simulationen die von KLOOCK geforderte „**Lernorientierung**" ein – was auch in der Plankostenrechnung anzuwenden ist.

4) Zu beachten ist dabei besonders die fehlende Anwendbarkeit des Bestimmtheitsmasses, wenn in der Rechentechnik Logarithmierungen verwendet werden.

5) Vgl. grundlegend Diemer.

6) Wegweisend hier die Arbeit von Fischer/Rogalski. Da das dort beschriebene Programm (lt. telefonischer Auskunft von Frau Rogalski am 15. 8.96 u.a. wegen der Installation in UNIX-Umgebung) nicht mehr in der Praxis implementiert ist, kommt es darauf an, die immanente Logik auf die heute faktisch herrschenden Industriestandards anzuwenden. Die Systemanalyse zur Erstellung eines entsprechenden „Pflichtenhefts" wird eine der künftigen Aufgaben angewandter ökonomischer Forschung sein.

Das EDV-System „STRELAPLAN" ist auf der Ebene produktbezogener Analyse für kleine und mittlere Unternehmen unmittelbar anwendbar und kann bei Prof. Dr. rer.pol. Harald Wilde, Zur Schwedenschanze 15, 18435 Stralsund, Tel.: 03831/456675, bezogen werden.

Der Einsatz für die Analyse von (auch nach Prozesskostenrechnung verbleibenden restlichen) Gemeinkosten wird die Nutzung von Datenbanken wie ACCESS erfordern und ist für künftige Versionen geplant; vgl. als grundlegende Literatur theoretisch Diemer, EDV-orientiert Haas (2001).

7) Wilms bezieht sich wiederholt auf die Denktradition der Kloockschen „Schule", verfremdet jedoch die u.a. bei Dellmann/Franz, Beitrag Kloock, dargestellte „differenziert-kumulative" Analyse durch konsequentere Anwendung der implizit bei Kloock angelegten methodischen Prinzipien.

Zu Kapitel 6:

1) Vgl. Haas (1999), Kapitel 9.3.3, ferner Shank/Govindarajan, S. 222ff; und Pepels (1999), Kapitel 3.2.4.2.

2) Vgl. Pepels (1999), Kapitel 5.2.2.3.

3) Vgl. Juran, Kapitel 3.

4) Vgl. die allgemeine Argumentation bei Coenenberg u.a., S. 101, sowie die quantitativen Modelle bei Haas (1999), Kapitel 9.3; Haas (2000), S. 387-395; Haas (2001), Teil II, Kapitel 18.

5) Pepels (1999), S. 255.

6) Vgl. Coenenberg u.a., S. 99-101, ferner S. 194ff.

7) Vgl. Haas (2000), S. 394.

8) Zu den Problemen, die einer rein schematischen Anwendung von durch PKR gewonnenen Kosteninformationen entgegen stehen, vgl. die auf dem Eliminationsmodell von Haas (1999), Kapitel 9.3.3 basierende kritische Interpretation von Wilde (2000), Lösungsteil, Aufgabe 3.

9) Vgl. einführend Coenenberg et al. (1993), Kapitel 8, weiterführende den Sammelband von Männel, Prozesskostenrechnung (1995), als Zusammenfassung des „state of the art" Martin.

10) So auch in Aufsätzen wie Buggert, S. 95ff; T. Reichmann, S. 574. Neben anderen Kritikpunkten weist besonders Jordan, Prozesskostenrechnung, als dezidierter Gegner dieses Ansatzes auf die zahlreichen möglichen Schlüsselungen innerhalb dieses Systems hin.

11) Bei Dellmann/Franz, Beitrag Friedl, wird die Analyse durch Einführung von „Kosteneinflussgrössen" verfeinert, die ihrerseits die „Prozessbezugsgrössen" beeinflussen, aber auch mit ihnen identisch sein können (vgl. dort Kapitel 2.2, besonders S. 148). Friedls Ansatz geht von der Analogie aus: „Bei den einflussgrössenunabhängigen Prozessen handelt es sich um die Zusammenfassung von Tätigkeiten, deren Kosten mit keiner der berücksichtigten Kosteneinflussgrössen variieren. Die Kosten der einflussgrössenabhängigen Prozesse sind dagegen von einer der berücksichtigten Kosteneinflussgrössen abhängig. Die Abgrenzung zwischen diesen Prozessarten entspricht der Aufspaltung der Kosten in ihre proportionalen und fixen Bestandteile in der Grenzplankostenrechnung." (S. 147)

Die weitere Argumentation im hier vorgelegten Kapitel bezieht sich auf den Fall der Identität von „Kosteneinfluss-" und „Prozessbezugsgrössen".

12) Die Tabellenstruktur geht auf Horvath und Mayer zurück; vgl. Männel, Prozesskostenrechnung (1995), Beitrag Horváth/Mayer. Sie wird als Standardmethodik in Lehrbüchern (beispielsweise Coenenberg et al. (1993), Kapitel 8) wie auch Monographien (beispielsweise Mussnig, S. 264f) verwendet. Sie ist hier in der formalen Darstellung variiert, da sie in einer EDV-Tabellenkalkulation implementiert wurde. Das konkrete Zahlenbeispiel wurde aus Coenenberg et al. (1993), Kapitel 8, übernommen.

13) Eine Trennung der „cdn" Prozesskosten in fixe und variable Komponenten (analog zu fixen und variablen Gemeinkosten in der herkömmlichen Kostenrechnung) wird in der derzeit verwendeten EDV-Version pragmatisch vernachlässigt; entsprechende Erweiterungen können prinzipiell stets, im vorgelegten Modell nach EDV-technischer Bewältigung der Gemeinkostenproblematik durchgeführt werden.

Zur Verdeutlichung der Rechentechnik für Controllingzwecke empfiehlt sich die Bearbeitung konkreter (Klausur-)Aufgaben im Teil II. Diese Anwendungen der Plan-auf die Prozesskostenrechnung beziehen sich i.d.R. nur auf die eindeutig durch den untersuchten Prozess **induzierten** Kosten (ohne Leitung u.ä.).

14) Vgl. D. Heinrich, ferner das zugrundegelegte Modell in Männel, Prozesskostenrechnung (1995), S. 83f, Beitrag Horváth/Mayer, sowie die Kritik an mangelnder Entscheidungsrelevanz von Prozesskosten bei Dellmann/Franz, Beitrag Friedl, besonders S. 156f.

15) Vgl. Pepels, S. 253ff, 270f.

16) Derartige kostensparende Organisationsreform muss nicht zwangsläufig Arbeitsplätze kosten. Ein Gegenbeispiel ist das Paradigma „Ressource Mensch" des Unternehmensberaters R. KÜBEL, der nicht die Entlassung der relativ schwächsten, sondern die – im wörtlichen Sinne – Freisetzung der relativ besten Arbeitskräfte für bisher vernachlässigte Zukunftsaufgaben empfiehlt.

17) Der Unterschied gegenüber rein additiven technischen Lösungen sei am Beispiel des Auto-Motors verdeutlicht:

- Der Benzin-Ottomotor erzeugt ohne Katalysator einen ganzen „Cocktail" giftiger Emissionen.

- Wird der übliche geregelte Katalysator dahinter geschaltet, so verursacht die Abgasreinigung Mehrkosten und verringert den Ausstoss der meisten Schadstoffe. Risiko jeder solchen additiven Lösung ist die Problemverschiebung; hier vom Waldsterben (durch Stickoxidbelastung) zur Gefährdung der menschlichen Gesundheit (durch hochgiftiges atomares Platin, vgl. beispielhaft den Aufsatz von Nieper).

- (Wirklich!) Integrierter Umweltschutz vermeidet die Entstehung des Problems von vornherein, indem beispielsweise Autogas (eine Propan/Butan-Mischung, auch als Campinggas bekannt) statt Benzin eingesetzt wird (einzige relative Schwäche dieser Lösung ist allerdings der annähernd konstant bleibende Stickoxid-Ausstoß).

Das an sich typische Kostensenkungspotenzial integrierter Lösungen ist beim Auto wegen des aufwändigen Gastanks nur für „Vielfahrer" gegeben, generell aber beispielsweise bei Einsatz von Gas- statt Ölheizungen in Gebäuden.

Literatur (Auswahl)

Hinweis: Beiträge in Sammelwerken werden eigenständig nur angegeben, wenn genau ein Artikel verwendet wurde. Ansonsten ist hier nur das Sammelwerk aufgeführt.

Abel, Bodo: Grundlagen der Erklärung in der Betriebswirtschaftslehre, Diss. Mannheim 1981

AEG Hausgeräte GmbH (Hrsg.): AEG Grünbuch '96, Nürnberg 1996

Ahlert, Dieter/Franz, Klaus-Peter: Industrielle Kostenrechnung, Düsseldorf (VDI) 1992

Angst, Florian/Fehr, Marcel: Entwicklungstendenzen in der Theorie zur Kostenrechnung, in: Richard Büchner et al. (Hrsg.): Management Accounting, Zürich (Schulthess) 1983

Beschorner, Dieter/März, Thomas/Peemöller, Volker: Betriebswirtschaftslehre, München (Florentz) 1990

Blank, Wolfgang: Organisation komplexer Entscheidungen, Wiesbaden 1978

Bloech, Jürgen et al.: Managementorientiertes Rechnungswesen, Wiesbaden (Gabler) 1993

Braunschweig, Arthur: Die ökologische Buchhaltung als Instrument der städtischen Umweltpolitik, Grusch (Ruegger) 1988

Buchholz, Liane: Entwicklungsstand und -tendenzen der industriellen Kostenrechnung in der Bundesrepublik Deutschland, Diss. Berlin 1991

Büschges, Günter/Lütke-Bornefeld, Peter: Praktische Organisationsforschung, Reinbek (Rowohlt) 1977

Buggert, Willi: Neuere Verfahren des Kostenmanagements in den Gemeinkostenbereichen, in: controller magazin 2/1994, S. 90ff

Bundesministerium für innerdeutsche Beziehungen (Hrsg.): DDR Handbuch, Köln 1979

Christmann, Jürgen/Witthoff, Hans-Wilhelm: Kosten- und Leistungsrechnung, Wiesbaden (Gabler) 1994

Clausen, Jens/Rubik, Frieder: Von der Suggestivkraft der Zahlen, in: Ökologisches Wirtschaften Januar 1996, S. 13ff

Coenenberg, Adolf G. et al.: Kostenrechnung und Kostenanalyse, Landsberg (MI) 1993

Coenenberg, Adolf G./Fischer, Thomas M.: Prozesskostenrechnung - Strategische Neuorientierung in der Kostenrechnung, in: DBW 51 (1991) 1, S. 21ff

Däumler, Klaus-Dieter/Grabe, Jürgen: Kostenrechnung 2 - Deckungsbeitragsrechnung, Herne (NWB) 1994

Däumler, Klaus-Dieter/Grabe, Jürgen: Kostenrechnung 3 - Plankostenrechnung, Herne (NWB) 1995

Dellmann Klaus/Franz Klaus-Peter (Hrsg.): Neuere Entwicklungen im Kostenmanagement, Bern u.a. (Haupt) 1994

Deyhle, Albrecht et al.: Controlling-Leitlinie. Stammsatz für eine „Controller's Toolbox" mit Gebrauchsanleitung, Gauting (Management Service) 1994

Deyhle, Albrecht/Steigmeier, Beat /Autorenteam: Controller und Controlling, Bern u.a. (Haupt) 1993

Diemer, Wolfgang R.: Relationale Datenbanken kurz und bündig, Würzburg (Vogel) 1989

Dolch, Claudia: Deckungsbeitragsrechnung im Handwerk am Beispiel eines mittelständischen Tischlereibetriebes, unveröff. Diplomarbeit FHW Berlin 1995

Duerr, Hans-Peter (Hrsg.): Versuchungen. Aufsätze zur Philosophie Paul Feyerabends, 2. Band, Frankfurt/Main (suhrkamp) 1981

Eberle, Friedrich (Hrsg.): Aspekte der Marxschen Theorie 1, Zur methodischen Bedeutung des 3. Bandes des 'Kapital', Frankfurt/Main 1973

Ebert, Günter: Kosten- und Leistungsrechnung, Wiesbaden (Gabler) 1994

Fank Matthias/Gay Wolfgang: Prozesskosten als Grundlage für die Kostenrechnung, in: Der Betriebswirt, 2/1997, S. 9ff

Fischer, Regina/Rogalski, Marlies: Datenbankgestütztes Kosten- und Erlöscontrolling, Wiesbaden (Gabler) 1995

Franz, Klaus-Peter: Prozesskostenrechnung - Renaissance der Vollkostenidee? in: DBW 51 (1991) 4, S. 536ff

Freidank, Carl-Christian: Kostenrechnung, München/Wien (Oldenbourg) 1985

Gamillscheg, Franz: Arbeitsrecht, München 1976

Götzinger, Manfred K./Michael, Horst: Kosten- und Leistungsrechnung, Heidelberg (Verlag Recht und Wirtschaft) 1993

Gomez, Peter: Modelle und Methoden des systemorientierten Managements, Bern/Stuttgart 1981

Gräfrath, Bernd: Ketzer, Dilettanten und Genies. Grenzgänger der Philosophie, Darmstadt (Wissenschaftliche Buchgesellschaft) 1993

Groll, Karl-Heinz: Erfolgssicherung durch Kennzahlensysteme, Freiburg i. Br. (Haufe) 1986

Groll, Karl-Heinz: Kurzfristige Erfolgsrechnung und Kostenkontrolle als Instrument der Gewinnanalyse, Herne/Berlin (NWB) 1977

Gruber, Horst: Feed-Forward-Kopplung, in: Controlling Mai/Juni 1996, S. 156ff

Haas, Peter: Access und Excel im Betrieb, München/Wien (Oldenbourg) 2001

Haas, Peter: Kosten, Investition, Finanzierung – Planung und Kontrolle mit Excel, München/Wien (Oldenbourg) 2000

Haas, Peter: Marketing mit Excel, München/Wien (Oldenbourg) 1999

Haas, Peter/Weber, Rüdiger: Controlling mit Excel. Erfolgskontrolle und Bilanzanalyse, Vaterstetten (IWT) 1992

Hahn, Dietger: PuK - Controllingkonzepte, Wiesbaden (Gabler) 1996

Harbordt, Steffen: Computersimulation in den Sozialwissenschaften Band 1: Einführung und Anleitung; Band 2: Beurteilung und Modellbeispiele; Reinbek (Rowohlt) 1974

Heinrich, Detlef: Aktivitätsorientierte Kundendeckungsbeitragsrechnung als Marketing-Instrument in: Karriereberater 7/1996, S. 181ff

Heinrich, Lutz J./Roithmayr, Friedrich: Wirtschaftsinformatik-Lexikon, München/Wien (Oldenbourg) 1989

Helberger, Christof: Marxismus als Methode, Frankfurt/Main 1974

Hill, Napoleon: Ein Jahr des Erfolgs, Bonn (Rentrop) 1986

Hilscher, Gottfried: Energie im Überfluss. Ergebnisse unkonventionellen Denkens, Hameln 1981

Hoffmann, Gerd E.: Computer, Macht und Menschenwürde, Frankfurt/Main 1979

Holtgrewe GmbH: Begleitheft für das Seminar „Denkprozesse", o.O. o.J.

Holzwarth, Jochen: Wie Sie aus Ihrem Kostenrechnungssystem eine Prozesskostenrechnung ableiten, in: krp 6/1990, S. 368ff

Horváth, Peter/Petsch, Manfred/Weihe, Michael: Standard-Anwendungssoftware für das Rechnungswesen, München (Vahlen) 1986

Huch, Burkhard/Behme, Wolfgang/Ohlendorf, Thomas: Rechnungswesen-orientiertes Controlling, Heidelberg (Physica) 1995

Hummel, Siegfried/Männel, Wolfgang: Kostenrechnung, Band I: Grundlagen, Aufbau und Anwendung, Wiesbaden (Gabler) 1990

Hummel, Siegfried/Männel, Wolfgang: Kostenrechnung, Band II: Moderne Verfahren und Systeme, Wiesbaden (Gabler) 1993

Jerichow, Marion: Die Zuschlagkalkulation als Hilfsmittel zur Preissteuerung - dargestellt am Beispiel der Firma Herlitz AG, unveröff. Diplomarbeit FHW Berlin 1994

Jordan, Helmut: Der Betriebsabrechnungsbogen - ein Führungsinstrument? „hand out" zur Probelehrveranstaltung Fachhochschule Stralsund WS 1995/96, unveröff. Manuskript o.O. o.J.

Jordan, Helmut: Die Prozesskostenrechnung - Möglichkeiten und Grenzen eines modernen Kostenmanagements, unveröff. Manuskript o.O. o.J.

Jung, Hans: Allgemeine Betriebswirtschaftslehre, München/Wien (Oldenbourg) 6. Aufl. 2000

Kerler, Richard: Kennen Sie Herzberg? Management-Klassikern auf der Spur, Landsberg (MI) 1992

Kilger,Wolfgang/Vikas, Kurt: Flexible Plankostenrechnung und Deckungsbeitragsrechnung, Wiesbaden (Gabler) 1993

Klett, Christian/Pivernetz, Michael/Hauke, Dirk: Controlling-Praxis für kleine und mittlere Unternehmen. Auswertungen auf der Grundlage der eigenen Finanzbuchhaltung, Herne/Berlin (NWB) 1996

Kloock, Josef/Sieben, Günter/Schildbach, Thomas: Kosten- und Leistungsrechnung, Düsseldorf (Werner) 1993

Kosz, Michael: Kosten und Nutzen eines Nationalparks Donau-Auen. Wie teuer ist uns die Natur? in: Ökologisches Wirtschaften September 1996, S. 26ff

Kotler, Philip/Blimel, Friedhelm: Marketing-Management, 9. Aufl., Stuttgart (Schaeffer-Poeschel) 1999

Kübel, Rolf: Ressource Mensch. Erfolg durch Individualität, München (Beck) 1990

Lause, Berthold: Methoden der Abweichungsanalye in der Kosten- und Erfolgskontrolle, Diss. Hamburg/Bergisch Gladbach (Eul) 1992

Liepe, Friedrich: Betriebliche Umweltschutzkostenrechnung in Theorie und Praxis, unveröff. Diplomarbeit FHW Berlin 1994

Lorenzen, Paul/Schwemmer, Oswald: Konstruktive Logik, Ethik und Wissenschaftstheorie, Mannheim u.a. (BI) 1973

Lutz, Josef/Rochlitz, Wolf-Dieter/Balzer-Jöllenbeck, Gert: Ratlos vor der Grossen Mauer. Das Scheitern der Urknall-Theorie, Essen (Neuer Weg) 1994

Männel, Wolfgang (Hrsg.): Prozesskostenrechnung, Wiesbaden (Gabler) 1995

Männel, Wolfgang/Müller, Heinrich (Hrsg.): Modernes Kostenmanagement. Grenzplankostenrechnung als Controllinginstrument. Beiträge der Plaut-Gruppe, Wiesbaden (Gabler) 1995

Mann, Rudolf: Das visionäre Unternehmen, Wiesbaden (Gabler) 1990

Martin, Mario: Ausgewählte Probleme der Prozesskostenrechnung, unveröff. Diplomarbeit FH Stralsund 1996

Mayer, Elmar: Controlling als Denk- und Steuerungssystem, in: Klaus Hagen/Peter W. Weber, CONTROLLING-BERATER, Gruppe 3, S. 315ff, Loseblatt-Zeitschrift Freiburg i. Br. (Haufe) 1983ff

Menrad, Siegfried: Der Kostenbegriff, Berlin 1965

Michel, Rudolf/Torspecken, Hans-Dieter: Neuere Formen der Kostenrechnung, München/Wien (Hanser) 1990

Moews, Dieter: Kosten- und Leistungsrechnung, München/Wien (Oldenbourg) 1992

Müller, Heinrich: Prozesskonforme Grenzplankostenrechnung, Stand - Nutzanwendungen - Tendenzen, Wiesbaden (Gabler) 1993

Müller-Wenk, Ruedi: Die ökologische Buchhaltung, Frankfurt/New York 1978

Mussnig, Werner: Von der Kostenrechnung zum Management Accounting, Diss. Klagenfurt/Wiesbaden (Gabler/DUV) 1996

Naisbitt, John/Aburdene, Patricia: Megatrends 2000, 5. Aufl., Düsseldorf/Wien/New York (Econ) 1992

Neubäumer, Renate (Hrsg.): Arbeitsmarktpolitik kontrovers. Analysen und Konzepte für Ostdeutschland, Darmstadt (Wissenschaftliche Buchgesellschaft) 1993

Neumarkter Lammsbräu (Hrsg.): ÖKO-Controlling. Bericht 1993, Neumarkt 1994

Nieper, Hans A.: Kat-Autos schädigen das Immunsystem, in: raum&zeit 78/1995, S. 84ff

Nitzsch, Rüdiger von: Entscheidung bei Zielkonflikten. Ein PC-gestütztes Verfahren, Wiesbaden (Gabler) 1992

Norden, Helmut/Wille, Friedrich: Der Betriebs-Abrechnungsbogen, Stuttgart (Forkel) 1965

Obdenbusch, Axel: Entwicklungsstufen der Ergebnisrechnung in einem Unternehmen der Chemischen Industrie, in: Klaus Hagen/Peter W. Weber, CONTROLLING-BERATER, Gruppe 4, S. 75ff, Loseblatt-Zeitschrift Freiburg i. Br. (Haufe) 1983ff

Ording, Ekhard C.: Grundlagen und Entwicklung eines integrierten Informationssystems zur Unterstützung des Planungs- und Entscheidungsprozesses, Diss. Hamburg 1975

Palass, Brigitta/Rieker, Jochen: Informationsflut: Der Fluch der neuen Zeit in: manager magazin 8/1996, S. 134ff

Parkinson, C. Northcote: Parkinsons Gesetz und andere Untersuchungen über die Verwaltung, Düsseldorf/Wien/Stuttgart 1970

Pepels, Werner (Hrsg.): ABETRIEBSWIRTSCHAFTSLEHRE. Eine praxisorientierte Einführung in die moderne Betriebswirtschaftslehre, Köln (Fortis) 1999

Pfaff, Dieter: Zur Notwendigkeit einer eigenständigen Kostenrechnung - Anmerkungen zur Neuorientierung des internen Rechnungswesns im Hause Siemens - in: zfbf 12/1994, S. 1065ff

Pfeiffer, Werner: Allgemeine Theorie der technischen Entwicklung, Göttingen (Vandenhoek & Ruprecht) 1977

Pfeiffer, Werner/Weiss, Enno/Strubl, Christoph: Systemwirtschaftlichkeit - Konzeption und Prinzipien zur betriebswirtschaftlichen Fundierung innovativer Entscheidungen, in: krp 3/1995, S. 174ff

Pfriem, Reinhard: Unternehmenspolitik in sozialökologischen Perspektiven, Habil. St. Gallen 1994/Marburg (Metropolis) 1995

Popper, Karl R.: Die offene Gesellschaft und ihre Feinde Band 1: Der Zauber Platons; Band 2: Falsche Propheten. Hegel, Marx und die Folgen, Bern/München 1973

Preißler, Peter R. /Dörrie, Ulrich: Grundlagen Kosten- und Leistungsrechnung, Landsberg (MI) 1990

Randolph, Rainer: Pragmatische Theorie der Indikatoren: Grundlagen einer methodischen Neuorientierung, Göttingen (Vandenhoek & Ruprecht) 1979

Rauberger, Rainer: Umweltkennzahlen bei Banken: Standardisierung erwünscht. in: Ökologisches Wirtschaften 1/1996, S. 17ff

Reichmann, Gerhard: Zur Beeinflussung der Leistungsfähigkeit von Betrieben durch Informationssysteme, Diss. Mannheim 1975

Reichmann, Thomas: Management und Controlling, in: ZfB 5/1996, S. 559ff

Riebel, Paul: Einzelkosten- und Deckungsbeitragsrechnung, Grundfragen einer markt- und entscheidungsorientierten Unternehmung, Wiesbaden (Gabler) 1990

Riethmüller, Helmut: Analyse und Planung des Produktions- und Absatzprogrammes bei zweidimensionaler Fixkostenstruktur, Diss. Berlin 1981

Rollwage, Nikolaus: Kosten- und Leistungsrechnung. Mit Übungsaufgaben und Lösungen, Köln (WRW-Verlag Rollwage) 1993

Sänger, Michael (Hrsg.): Werte und Management, Bonn (VBU) 1995

Scherrer, Gerhard: Kostenrechnung, Stuttgart (Gustav Fischer) 1991

Schilling, Heinz (Hrsg.): Herrschen die Computer?, Freiburg 1974

Schmidt, Hans-Jürgen: Betriebswirtschaftslehre für die Verwaltung, Heidelberg (v. Decker) 1998

Schmidt, Hajo: Sozialphilosophie der Gegenwart, Eine exemplarische Einführung, Hagen (FernUniversität) 1981

Schneider, Dieter: Theorien zur Entwicklung des Rechnungswesens, in: zfbf 1/1992, S. 3ff

Schröder, Ernst F.: Modernes Unternehmens-Controlling, Ludwigshafen (Kiehl) 1992

Serfling, Klaus: Fälle und Lösungen zur Kostenrechnung, Herne/Berlin (NWB) 1993

Shank J.K./Govindarajan, V.: Vorsprung durch strategisches Kostenmanagement, Landsberg (MI) 1995

Spitzley, Helmut: Wissenschaftliche Betriebsführung, REFA-Methodenlehre und Neuorientierung der Arbeitswissenschaft, Köln (Bund) 1980

Stahlmann, Volker: Umweltverantwortliche Unternehmensführung, Aufbau und Nutzen eines Öko-Controlling, München (Beck) 1994

Statistisches Bundesamt (Hrsg.): Datenreport 1994. Zahlen und Fakten über die Bundesrepublik Deutschland, Bonn (Bundeszentrale für politische Bildung) 1994

Staudt, Erich: Struktur und Methoden technologischer Voraussagen, Göttingen (Vandenhoek & Ruprecht) 1974

Steinmann, Horst (Hrsg.): Planung und Kontrolle. Probleme der strategischen Unternehmensführung, München (Vahlen) 1981

Steinmann, Horst/Löhr, Albert: Grundlagen der Unternehmensethik, Stuttgart (Schäffer-Poeschel) 1992

Streitferdt, Lothar: Entscheidungsregeln zur Abweichungsauswertung, Würzburg/Wien (Physica) 1983

Tettner, Falk: Vergleich konkurrierender Plankostenrechnungssysteme, unveröff. Diplomarbeit FHW Berlin 1994

Thommen, Jean-Paul: Allgemeine Betriebswirtschaftslehre. Umfassende Einführung aus managementorientierter Sicht, Wiesbaden (Gabler) 1991

Ulrich, Peter: Wirtschaftsethik als Beitrag zur Bildung mündiger Wirtschaftsbürger in: ETHICA 1 - 1993 - 3, S. 227ff

Ulrich, Peter/Thielemann, Ulrich: Ethik und Erfolg, Zürich/St. Gallen (RES PUBLICA) 1990; Bern (Haupt) 1992

Veith, Werner: Rechnungswesen aus sozialwissenschaftlicher und radikaler Sicht - nicht mehr als sozialwissenschaftliches Geschwätz (ein Meer von unverständlichen Worten ohne jede Aussage) und linksradikaler Unsinn? unveröff. Thesen zum Vortrag im Forschungskolloquium Prof. Dr. Kreutz Nürnberg 1994

Vester, Frederic: Wenn ich als Biologe Controller wäre, in: Klaus Hagen/Peter W. Weber, CONTROLLING-BERATER, Gruppe 3, S. 73ff, Loseblatt-Zeitschrift Freiburg i. Br. (Haufe) 1983ff

Vikas, Kurt: Neue Konzepte für das Kostenmanagement. Controllingorientierte Modelle für Industrie- und Dienstleistungsunternehmen, Wiesbaden (Gabler) 1993

Werner, Thomas/Brokemper, Andreas: Leistungsmessung mit System. Data Envelopment Analysis als Instrument des Controlling, in: Controlling Mai/Juni 1996, S. 164ff

Wilde, Harald: BRD - DDR - BETRIEBSWIRTSCHAFTSLEHRE, 2 Bände Nürnberg 1987

Wilde, Harald: Controlling/Kostenrechnung, in: Pepels, Werner (Hrsg.), Prüfungstraining für Wirtschaftsstudierende, Herne/Berlin (NWB) 2001, Kapitel I.2.3 (Aufgabenteil) und II.2.3 (Lösungsteil)

Wilde, Harald: Das Neue Controlling, in: Sänger, Michael (Hrsg.): Das Neue Controlling für den Mittelstand, Bonn (VBU) 1995

Wilde, Harald: Unternehmensethik und ihre Beziehungen zu Unternehmensverfassung und -organisation, Fürth (Wilde) 1989

Wilden, Klaus: Die Prozesskostenrechnung - Alter Wein in neuen Schläuchen? in: WISU-Magazin 12/91, S. 883f

Wilms, Stefan: Abweichungsanalysemethoden der Kostenkontrolle, Diss. Köln/Bergisch Gladbach (Eul) 1988

Wittmann, Stephan: Praxisorientierte Managementethik. Gestaltungsperspektiven für die Unternehmensführung, Münster (LIT) 1994

Yamane, Taro: Statistik. Ein einführendes Lehrbuch, Frankfurt/Main (Fischer) 1976

Zdrowomyslaw, Norbert: Kosten-, Leistungs- und Erlösrechnung, München/Wien (Oldenbourg) 1995

Ziegler, Hasso: Neuorientierung des Rechnungswesens für das Unternehmens-Controlling im Hause Siemens, in: zfbf 2/1994, S. 175ff

Abbildungsverzeichnis